DANS LA MÊME COLLECTION :

Mille ans de contes – tome 1

Mille ans de contes – tome 2

Mille ans de frissons

Mille ans de contes classiques

Mille ans de chansons traditionnelles

Mille ans de contes – animaux

Mille ans de contes arabes

Mille ans de contes – Indiens d'Amérique du Nord

Mille ans de contes – mer

Mille ans de contes – mythologie

Mille ans de contes – nature

Mille ans de contes pour rire

Mille ans de contes – sur les sentiers

Mille ans de théâtre – tome 1

Mille ans de contes – Tsiganes

Malgré toutes nos recherches, pour quelques poèmes nous n'avons pu trouver les ayants droit.
Nous invitons ceux-ci à bien vouloir prendre contact avec l'éditeur.

Loi 49.956 du 16.07.1949
ISBN : 978-2-7459-2560-2

Dépôt légal : 1er trimestre 2007
Imprimé en Espagne

MILLE ANS DE Poésie

Textes choisis et commentés
par Jean-Hugues Malineau

Illustration de couverture :
Christian Guibbaud

Illustrations intérieures :
Judith Gueyfier
Christian Guibbaud
Muriel Kerba

MILAN
jeunesse

SOMMAIRE

Moyen Âge

16e siècle

17e et 18e siècles

19e siècle

20e siècle

PRÉFACE

Lorsque le projet d'une anthologie poétique française pour la jeunesse me fut proposé par les éditions Milan, j'acceptai presque aussitôt avec enthousiasme. Les délais n'autoriseraient pas toutes les recherches que j'envisageais. Je me rassurai toutefois, d'une part en imaginant le secours ponctuel de quelques amis spécialistes que je remercie vivement ici[1], d'autre part en me convainquant qu'une anthologie est, justement et paradoxalement, une œuvre personnelle, inévitablement subjective, réalisée à un moment précis d'une histoire singulière. Elle est le résultat d'un choix dicté par la culture comme par la passion, fruit de la connivence comme de la connaissance, de préférences et de rejets.

Ces quelques scrupules furent vite balayés en prenant conscience de l'importance et de la nécessité d'une telle entreprise jamais tentée jusqu'à aujourd'hui : les belles anthologies de Paul Éluard, de Max-Pol Fouchet, de Pierre Seghers s'adressaient avec bonheur aux adultes ; quant à celles, remarquables, de Georges Jean pour les enfants, elles n'avaient pas la même ambition L'entreprise tentée aujourd'hui est donc originale à plus d'un titre, puisque c'est la première fois qu'une anthologie de la poésie, de l'origine de la langue française jusqu'à aujourd'hui, de nos premières chansons de geste jusqu'aux poètes vivants qui écrivent à la fin de ce second millénaire, s'adresse à des enfants.

Pour avoir enseigné la poésie au collège et à l'université, pour avoir depuis vingt ans rencontré dans leurs classes des milliers d'enfants depuis l'âge de trois ans jusqu'à la fin de l'école primaire, je sais combien l'accueil fait à la poésie par les plus jeunes peut être merveilleux. Je sais le bonheur de voir les yeux briller d'émotion ou les visages éclater de rire à la lecture du poème. Je sais la qualité du silence alors, et chez l'enfant le grand besoin de poésie trop rarement pris en compte, besoin qui s'éteint, hélas, trop souvent lorsque l'enfant grandit.

Parce que la poésie reste fréquemment synonyme d'explications fastidieuses, d'obligation à apprendre « par cœur » ce que le cœur rejette, parce que le poème, parfois hermétique, rébarbatif, précieux, s'accompagne de questions, d'analyses, susceptibles de tuer sa part émotionnelle au lieu de la laisser s'exprimer, parce que le texte choisi correspond parfois mal aux préoccupations de l'adolescent, beaucoup se sont éloignés de lui. Sans avoir pris conscience des pouvoirs du poème, sans s'être senti concerné intimement et impliqué par la parole de l'autre, sans avoir en un mot conçu et éprouvé la véritable vocation de la poésie, le futur adulte s'en est détourné.

« Le poème est l'amour réalisé du désir demeuré désir » écrit René Char, « le poète est bien plus celui qui inspire que celui qui est inspiré » ajoute Paul Éluard – c'est dire que la vie du poème

1. Je tiens spécialement à remercier ici Gérard Bialestowski, François Johan et Jean-Pierre Tusseau pour leur aide précieuse.

se prolonge dans la lecture de l'autre et qu'il est le lieu qui suscite l'émotion, le désir et, dans le meilleur des cas, la parole du lecteur.

J'ai toujours donné la priorité à des poèmes propres à « inspirer » l'enfant, excluant les textes trop hermétiques ou qui faisaient appel à une culture qu'il ne possédait pas. J'ai fui les textes trop didactiques, ennuyeux ou qui abordaient des sujets trop éloignés des préoccupations de l'enfant. Pour ne pas le décourager, j'ai supprimé des textes dont le vocabulaire accumulait trop de difficultés pour autoriser une réelle compréhension émotive immédiate. Dans ce dernier cas, il a fallu faire exception pour des textes en ancien français ou du XVIe siècle. Malgré les traductions de certains textes anciens, j'ai conservé intacte dans certains autres la magie sonore de la langue française à ses débuts. J'ai proposé en ce cas une traduction des mots désuets, méconnus ou disparus aujourd'hui.

J'ai volontairement sélectionné ces poèmes afin qu'ils deviennent pour l'enfant des « détonateurs ». J'entends par là que le poème soit, selon le vœu de Paul Éluard, le lieu qui inspire à son tour, qui donne envie de mieux regarder, mieux écouter, mieux dire, et de vivre plus intensément dans le monde qui nous entoure. De nombreux poèmes sont ici une invitation à s'exprimer, et même à tenter d'écrire à leur suite. J'ai voulu faire de cet ensemble une mine de trésors à vivre, à trouver, à poursuivre ; j'imagine à partir d'elle une multiplicité d'exploitations possibles, du cri au silence, de l'émotion à l'écriture, du rire à la danse...

Je propose un trésor constitué d'une infinité de bijoux, de pépites, de pierres précieuses... capables de rejoindre et de séduire la singularité de chacun.

Très divers dans le genre, dans l'époque, dans la tonalité, ces poèmes s'adressent tour à tour à l'histoire et à l'intelligence de chacun. Tel enfant appréciera la sensibilité et l'émotion contenues dans celui-ci, tel autre rira de l'humour de celui-là ; tel enfant sera séduit par la sensualité de tel poète, tel autre s'abandonnera à l'imagination de celui-là. Il y a ici très volontairement des poèmes qui parlent davantage à la spiritualité, d'autres à la logique ; certains jouent sur le rythme et le bruit des mots, d'autres davantage avec l'espace de la page ; certains atteignent le cœur et d'autres la réflexion ; certains se devinent, d'autres s'affirment ; certains se mangent, se sentent, se touchent ; d'autres convient au rêve ; certains nous font voyager à travers le monde, d'autres nous apprennent à vivre dans le quotidien immédiat qui nous entoure. Je souhaite en un mot, quels que soient ses intérêts, ses goûts, sa culture, son cerveau ou son cœur, que chaque enfant trouve ici des poèmes qui s'adressent intimement à lui.

Il me semblait qu'il fallait faire découvrir aux enfants, autant que faire se peut, tous les grands noms de notre poésie française à travers les siècles. Que les amoureux de Maurice Scève, Malherbe, Boileau, Racine, Lautréamont, Mallarmé, Maurice Blanchard... et de quelques

autres me pardonnent, mais je n'ai pas rencontré dans leur œuvre que j'estime ou que j'admire par ailleurs, de poème qui puisse, pour une raison ou pour une autre énoncée plus haut, figurer ici.
Une anthologie, qui est un lieu de rencontre ponctuelle avec un poète, peut être aussi celui qui donne le désir de découvrir davantage une parole amie qui nous a profondément touchés ; j'ose espérer qu'il en ira ainsi pour certains enfants curieux de lire plus avant une parole ici rencontrée.
Je me suis également évertué à trouver un équilibre entre les « poèmes phares » que l'on s'attend à trouver dans ce genre d'ouvrage anthologique et des textes que le lecteur non spécialiste découvrira ici, avec bonheur, pour la première fois.

L'importance donnée au XXe siècle tient à diverses raisons. Outre qu'il est, dans sa qualité, dans ses tentatives multiples et variées, dans ses nouveautés, dans la multiplicité de ses paroles et de ses mouvements, un siècle très riche de la poésie française, c'est aussi (hormis quelques fabulistes) la première fois que bon nombre de poètes ont pris volontairement la parole en s'adressant aux enfants (je pense à Paul Éluard, Philippe Soupault, Robert Desnos, Gisèle Prassinos, Henri Pichette, Jean Tardieu, Andrée Chédid, Eugène Guillevic, Jacques Roubaud et à bien d'autres...). Enfin, parallèlement, parce que ces poèmes sont écrits plus récemment, ils sont plus à même, dans bien des cas de rejoindre les enfants d'aujourd'hui, parce que plus proches de leurs préoccupations, de leur culture et de leur langage.

Proches d'eux dans le temps ou plus éloignés, je souhaite en tout cas que les poèmes rassemblés ici et choisis pour eux puissent contribuer, à leur façon, à combler le besoin de poésie de l'enfant ainsi qu'à réconcilier le futur adulte avec la lecture poétique qu'il néglige, puisque nos poètes vivants les plus importants ne rencontrent pas plus de dix mille lecteurs en France.
En ce début de troisième millénaire, l'enjeu me semble formidable pour les générations à venir. Quelle meilleure réponse à l'irrespect, au racisme, à la haine que ces connivences qui se tissent avec la parole bouleversante de cet inconnu qui nous ressemble et qui éprouve nos propres troubles ? Quelle meilleure réponse à l'intolérance que la lecture du poème qui nous apprend à partager l'émotion de l'autre ? Quelle plus juste réponse à la pollution que cette attention souveraine que le poète porte à la nature qu'il ne se lasse pas de reconnaître et dont il ne cesse de s'émerveiller ?
Je crois fermement que, plus encore qu'aujourd'hui, l'enfant du troisième millénaire aura besoin de poésie parce que, comme le dit René Char « le poète est le conservateur des infinis visages du vivant ». Je crois que nul mieux que lui ne saura maintenir coûte que coûte la lucidité et l'exigence de la beauté

Jean-Hugues Malineau

Poèmes du Moyen Âge

Car je pars en exil...

Guillaume IX d'Aquitaine, XIIe siècle, 1071-1127

Guerre, mort

Puisque de chanter le désir m'a pris,
je ferai ces couplets avec tristesse ;
jamais plus je ne servirai l'amour,
ni en Poitou ni en Limousin,

Car je pars en exil :
en grande peur, en grand péril.
La guerre, voilà ce que je laisse à mon fils,
ses voisins vont le malmener.

Ce départ m'est si douloureux
de mon domaine du Poitou !
Je laisse à la garde de Foulques d'Anjou
toute la terre et son petit cousin.

Si Foulques d'Anjou ne le secourt pas,
ni le roi qui m'a comblé d'honneurs,
ils seront nombreux à vouloir le mettre à mal,
ces félons de Gascons et d'Angevins.

S'il ne montre ni sagesse ni sens de la prouesse,
après que je serai parti,
ils le feront vite tourner en bourrique,
car ils le verront jeune et chétif.

Grâce je demande à l'ami.
Si je lui ai fait tort qu'il me pardonne ;
et Jésus qui trône je le prie
en ma langue et en latin.

J'ai tant vécu joie et hauts faits,
mais maintenant je les abandonne
pour aller vers celui
en qui tout pécheur met sa confiance.

J'ai eu brio, gaieté,
mais Notre-Seigneur ne le veut plus ainsi ;
maintenant tout m'est fardeau,
tant je suis proche de la fin.

J'ai abandonné ce que j'aimais,
chevalerie et panache ;
puisque Dieu le veut, je le veux bien
et le prie qu'il me tienne pour sien.

Tous mes amis, je les prie qu'à ma mort
ils viennent tous et me saluent vraiment,
car j'ai vécu joie et transports
et loin et près et là où je suis.

Ainsi, j'abandonne joie, transports
et vair et gris et zibeline.

Traduction J.-C. Marol

Puisque dans leur nouveauté...

Guillaume IX d'Aquitaine, XIIe siècle, 1071-1127

Sentiments – Temps, saisons

Puisque dans leur nouveauté vous voyez
fleurir et reverdir prés et vergers,
et chatoyer ruisseaux et fontaines,
l'air et le vent,
réjouissez-vous bien chacun de toute votre joie,
réjouissez-vous bien.

Traduction J.-C. Marol

Il est si beau...

Marcabru, XIIe siècle

Animaux – Oiseaux – Sentiments – Temps, saisons

Il est si beau que la rainette chante,
que le suc perce sous l'écorce,
qu'après fleurs, feuillage et ramure,
vienne le fruit sur l'arbre,
que le rossignol siffle et appelle
celle qu'il a conquise par la force de sa joie.
Il est si fier de lui, qu'il ne sent plus
ni froid, ni gel, ni glace, ni bise.

Traduction J.-C. Marol

Aux jours courts...

Peire d'Auvergne, XIIe siècle, 1149-1170

Temps, saisons

Aux jours courts et aux longues soirées,
quand l'air vif s'assombrit,
je veux que de branche et feuillage, mon savoir
devienne joie nouvelle et fruits et fleurs,
car je vois les chênes perdre leurs feuilles.
Se retirent dans la neige et la froidure,
le rossignol, la grive, le geai et le pivert.

Traduction J.-C. Marol

J'ai une telle joie au cœur...

Bernard de Ventadour, XIIe siècle

Sentiments – Temps, saisons

J'ai une telle joie au cœur,
elle me dénature tout.
Fleur blanche, incarnat ou pâle,
me semble froidure.
Avec vent et pluie m'appelle l'aventure,
et s'élève mon chant,
et s'accroît mon mérite.
J'ai tant d'amour au cœur,
de joie et de douceur,
que l'hiver m'est fleur,
la neige, verdure.

Quand je vois fleur...

Bernard de Ventadour, XIIe siècle

Sentiments

Quand je vois fleur, herbe, feuille,
quand j'entends le chant des oiseaux du bocage,
et la joie de l'autre, quand je la reçois en plein cœur,
mon chant redouble, naît, croît, se dépasse.
À mon avis une personne ne vaut rien
si elle ne veut ni amour, ni joie,
alors que tout ce qui existe se réjouit et ressuscite.

Traduction J.-C. Marol

Complainte des tisseuses de soie

Chrétien de Troyes, XIIe siècle, v. 1135-v. 1183

Sentiments - travail

/.../ Toujours draps de soie tisserons :
Jamais n'en serons mieux vêtues.
Toujours serons pauvres et nues
Et toujours faim et soif aurons ;
Jamais tant gagner ne saurons
Que mieux en ayons à manger.
Du pain avons à grand danger,
Au matin peu et au soir moins ;

Jamais de l'œuvre de nos mains
N'aura chacune pour son vivre
Que quatre deniers de la livre.
Et de ce ne pouvons-nous pas
Assez avoir viandes et draps ;
Car, qui gagne la semaine
Vingt sous, n'est mie hors de peine.
Et sachez vraiment a estrouz [1]
Qu'il n'y a celle d'entre nous
Qui ne gagne vingt sous au plus :
De cela serait riche un duc !
Et nous sommes en grand'pauvreté
S'enrichit de notre deserte [2]
Celui pour qui nous travaillons.
Des nuits grand'partie nous veillons
Et tout le jour, pour y gagner ;
On nous menace à maltraiter
Nos membres, quand nous reposons,
Et pour ce reposer n'osons. [...]

1. Clairement.
2. Mérite.

Le Corbeau et le Goupil

Fable de Marie de France, XIIe siècle

Animaux – Oiseaux

Il advint, la chose est bien possible,
qu'un corbeau vola
devant la fenêtre
d'un garde-manger ; il aperçut
des fromages qui étaient à l'intérieur,
posés sur une claie.
Il en prit un, et s'enfuit avec.
Un goupil passait, qui l'épia ;
il eut grand désir
de manger sa part du fromage.
Il voudra essayer par ruse
d'enjôler le corbeau.

« Ah ! seigneur Dieu, fait-il,
comme cet oiseau est gentil !
Il n'y a au monde tel oiseau,
de mes yeux je n'en vis plus beau.
Si son chant était comme son corps,
il vaudrait mieux qu'or fin. »
Le corbeau s'entendit si bien vanter
qu'il n'y avait son pareil au monde,
qu'il résolut de chanter.
En chantant il ne perdra rien à sa renommée.

Il ouvrit le bec et commença :
le fromage lui échappa
et ne put faire autrement que tomber à terre.
Le goupil s'empresse de le saisir.
Après il n'avait cure du chant du corbeau,
car il avait satisfait son envie du fromage.

Cet exemple s'applique aux orgueilleux
qui convoitent grande renommée.
Par flatteries et par mensonges
on peut les servir à leur gré ;
ils dépensent follement ce qu'ils ont
pour être loués des gens.

Traduction A. Mary

L'Enterrement de Raoul

Anonyme, XIIe siècle

Guerre, mort - Sentiments

Héloïse, la fiancée de Raoul, arrive à son tour, somptueusement vêtue d'une robe de soie de Pavie. C'est une fille merveilleusement belle, à la peau blanche comme fleur épanouie, aux joues vermeilles comme une rose rouge. La regarder est un ravissement pour les yeux. Elle entre dans l'église, éplorée et clamant sa peine.

–Seigneur Raoul, quelle cruelle séparation ! Beau et doux ami, vous n'embrasserez plus votre compagne. Votre mort m'est insupportable. Quand vous chevauchiez, vous aviez la prestance d'un roi marchant à la tête de ses barons. Quand vous aviez revêtu votre armure, coiffé votre heaume et que vous aviez l'épée au côté, aucun chevalier n'était aussi beau ni aussi vaillant que vous. Hélas ! voici déjà la fin de notre grand mais trop court amour. Mort félonne, tu fus bien hardie d'avoir osé t'attaquer à un tel chevalier ! Raoul, je n'aurai point d'autre ami que vous. Quand je pense que vos yeux clairs et votre bouche que j'aimais tant ne me verront plus, ne m'embrasseront plus, qu'ils sont maintenant sans vie et vont bientôt pourrir puis se décomposer en terre, je me demande comment il se fait que mon cœur arrive encore à battre dans ma poitrine.

À ces mots, elle pâlit, ses forces l'abandonnent. Elle tombe sans connaissance. Les barons s'empressent de la relever.

– Dame Alaïs, dit la jeune fille quand elle a repris ses esprits, votre peine est bien grande. Elle vous étreint depuis deux jours et ne s'apaisera jamais. Moi, je viens juste d'arriver. Allez vous reposer. Laissez-moi prendre en charge l'ordonnance des funérailles. Gerri, noble seigneur, ôtez à Raoul son haubert et son heaume, ses armes et tout son équipement avant que notre séparation soit totale et définitive.

Gerri fait ce qu'a demandé la tendre et énergique demoiselle. Une dernière fois, elle couvre de baisers la bouche et serre contre le sien le corps de son ami. Ensuite, on le revêt comme il convient à un prince vaillant. L'évêque chante la grand-messe puis on inhume Raoul à l'intérieur de l'église, à côté de son père, le comte Taillefer. Bien des gens sont venus depuis se recueillir sur les deux tombes en l'église Saint-Géry de Cambrai.

Traduction J.-P. Tusseau

Rêve de conquêtes

Anonyme, XIIe siècle

Rêve et féerie

Assis sur un perron, Guillaume écoutait le récit du vaillant chevalier.

– Ami, cher compagnon, lui dit-il, tu as très bien parlé mais dis-moi, Orange est-elle aussi belle que tu l'as décrite ?

– Encore plus belle, seigneur. Ah ! si vous pouviez voir la hauteur des remparts et la splendeur de Gloriette, le palais princier, cette grande tour tout en marbre dont les salles voûtées sont ornées de mosaïques et les murs peints de fleurs en or ! Si vous y étiez au printemps, vous pourriez y entendre chanter les oisillons, crier les faucons, vous y verriez la joyeuse animation des Sarrasins et vous y humeriez le parfum des herbes aromatiques et de la cannelle. Vous pourriez contempler Orable, la noble dame, l'épouse de monseigneur Thibaut. Jamais chrétienne ni païenne ne pourra l'égaler en beauté. Elle est mince et élancée, ses formes sont parfaites, son cou est gracieux, ses yeux riants, clairs et vifs, sa peau blanche comme la fleur d'aubépine. Elle aurait bien de quoi combler un gentilhomme ; mais à quoi bon sa grande beauté puisqu'elle ne croit pas en Dieu !

– Par Dieu, dit Guillaume, je veux conquérir la dame et la cité.

Traduction J.-P. Tusseau

Chanson de Gayette et d'Oriour

Chanson de poète anonyme, XIIe siècle

Sentiments

Le samedi soir finit la semaine ;
Gayette et Oriour, qui sont sœurs germaines,
La main dans la main, vont à la fontaine.

Souffle la brise, les branches se balancent,
Que les amants s'endorment doucement.

L'enfant Gérard revient de la quintaine[1].
Il voit Gayette au bord de la fontaine.
Entre ses bras bien doucement l'étreint.

Souffle la brise, les branches se balancent,
Que les amants s'endorment doucement.

–Oriour, quand tu auras puisé de l'eau,
Retourne-t'en. Tu connais bien la ville :
Je resterai avec Gérard qui m'aime.

Souffle la brise, les branches se balancent,
Que les amants s'endorment doucement.

Oriour s'en va, elle est pâle et dolente.
Son cœur soupire, ses yeux sont pleins de larmes.
Rentre chez elle, sans ramener sa sœur.
Souffle la brise, les branches se balancent,
Que les amants s'endorment doucement.
–Hélas, fait-elle, que je suis malchanceuse !
Car j'ai laissé ma sœur dans le vallon ;
L'enfant Gérard l'emmène en son pays.

Souffle la brise, les branches se balancent,
Que les amants s'endorment doucement.

L'enfant Gérard avec Gaie est parti.
Droit vers la ville tous deux s'en sont allés.
À peine entré, Gérard l'a épousée.

Souffle la brise, les branches se balancent,
Que les amants s'endorment doucement.

1. Mannequin servant de cible dans l'exercice de la lance.

De même que le lion...

Rigaut de Barbezieux, XIIe et XIIe siècles

Animaux – Sentiments

De même que le lion,
Si farouche en son courroux
Lorsqu'il lui naît un petit
Qui gît sans souffle et sans vie,
Peut, à l'appel de sa voix,
Le faire vivre et marcher,
Ainsi peut faire de moi
Ma Dame, et par son amour
Me guérir de mes douleurs.

Matin de mai

Guillaume de Lorris, XIIe siècle

Sentiments – Temps, saisons

Il me semblait que c'était le matin,
Il y a bien cinq ans au moins,
Mon rêve se passait en mai,
Dans la saison d'amour, pleine de joie,
Au temps où tout être se réjouit,
Car on ne voit buisson ni haie
Qui ne veuille en mai se parer
Et se couvrir de feuilles nouvelles
Les bois retrouvent leur verdure,
Qui sont secs tant que dure l'hiver ;
La terre même s'enorgueillit
De la rosée qui la mouille,
Et oublie la misère
Où elle a été tout l'hiver ;
Alors la terre devient si fière
Qu'elle veut avoir robe nouvelle ;
Elle sait se faire une robe si gracieuse
Qu'elle a mille couleurs.
Herbe et fleurs blanches et bleues
Et de maintes couleurs diverses,
Telle est la robe que je décris
Et que préfère la terre.
Les oiseaux, qui se sont tus
Tant qu'ils ont eu le froid
Et un temps changeant et pénible,
Sont, en mai, à cause du temps serein,

Si joyeux qu'ils montrent par leur chant
Que la joie de leur cœur
Les force à chanter.
Le rossignol s'efforce alors
De chanter et de faire du tapage ;
Alors se réjouissent et s'amusent
Le perroquet et l'alouette ;
Il faut alors que les jeunes gens s'adonnent
À la gaieté et à l'amour,
Dans la beauté et la douceur de la saison ;
Il a le cœur bien dur qui n'aime pas en mai,
Quand il entend sur les branches
Les oiseaux lancer leurs doux chants tendres...

Traduction A. Chastel

Sire comte, j'ai viellé

Colin Muset, XIIe siècle

Sentiments

Sire comte, j'ai viellé
devant vous, en votre hôtel ;
vous ne m'avez rien donné,
ni mes gages acquitté :
c'est vilenie.
Foi que dois à sainte Marie,
aussi je ne vous suivrai mie.
Mon aumônière est mal garnie
et ma bourse mal farcie.

Sire comte, commandez :
je ferai votre volonté.
Sire, s'il vous plaît,
faites-moi un beau don
par courtoisie.
J'ai le désir, n'en doutez mie,
de retourner chez moi.

Quand je vais, bourse dégarnie,
ma femme ne me sourit guère.

Mais elle me dit : « Empoté,
en quel pays avez-vous été,
Que vous n'avez rien rapporté ?
vous vous êtes amusé
à travers la ville.

Voyez comme votre malle plie !
Elle n'est que de vent farcie.
Honni soit qui a envie
d'être en votre compagnie ! »

Quand je viens à ma maison
et que ma femme a aperçu
derrière moi le sac enflé,
et que je suis bien paré
de robe grise,
sachez qu'elle a vite posé
la quenouille sans feintise ;
elle me rit franchement,
ses deux bras au cou me lie.

Ma femme va déballer
ma malle sans plus tarder ;
ma servante va tuer
deux chapons pour les apprêter
à la jance aillée [1].
Ma fille m'apporte un peigne
en sa main, très gentiment.
Lors je suis maître de ma maison
plus que nul ne pourrait dire.

1. Sorte de sauce à l'ail.

Confiant, fidèle et sincère...

Gavaudan, XIIe siècle

Sentiments

Confiant, fidèle et sincère
je l'ai toujours été, Seigneur,
envers la dame mon honneur
qui jamais ne m'a repoussé,
mais le destin me la dérobe
qui fait de nous ses jouets.
Perfide mort, tu nous sépares
ma Dame et moi, que Dieu nous garde !

C'est moi qui aurais dû mourir,
pourquoi vivre dans la douleur ?
Quand on a perdu la plus belle
qui fut et ne sera jamais ?
Ma vie n'est que deuil et tristesse,
mort, comment osas-tu toucher
celle qui nourrissait la terre
de ses jeux et de sa beauté !

Dame, le seul désir de vous
était d'une telle saveur !
Maintenant tout ne sert de rien,
le poids que j'ai au cœur, si lourd,
le poids m'entraîne vers la terre.
Que ne puis-je alors me détruire

avec vous, mieux valait la mort
que la douleur dans la folie.
Mes pensées sont trop ténébreuses,
jour et nuit, je soupire et pleure,
pauvre déshérité d'amour
qui se repaît dans sa tristesse.
J'en demeure marqué au front,
jeune et ridé comme un vieillard
je tombe, me lève et retombe,
vivant, je marche dans ma tombe.

Jamais plus je ne sourierai
car j'ai perdu toute valeur,
ma vie n'est plus que déshonneur
Dieu ! puisses-tu m'en délivrer !
Jour après jour je tombe et baisse
le cœur habité de tristesse
et quand j'essaie de l'amuser
je sens ma raison m'échapper.

Tout autre jeu m'est un fardeau
tant j'ai le cœur plein de rancœur
j'ai bu la honte avec la peur,
ivre, je vais, ivre je suis,
que Dieu m'ôte toute la chair,
que tout amour s'évanouisse,
mieux est que mon cœur soit flétri
tourterelle sans compagnon.
Gavaudan, ta plainte est sans fond
sans fond ta tristesse et ton deuil
sans fond et sans consolation.

La Pauvreté

Rutebeuf, XIIIe siècle, v. 1230 - v. 1285

Sentiments

Je ne sais par où commencer,
tant j'ai abondance de matière,
pour parler de ma pauvreté.
Pour Dieu je vous prie, franc roi de France,
de me donner quelque chevance [1],
vous ferez grande charité.
J'ai vécu de l'argent d'autrui
que l'on m'a prêté à crédit.
Maintenant chacun me refuse créance,
me sachant pauvre et endetté.
Vous avez de nouveau quitté le royaume,
vous en qui j'avais mis mon attente.

La cherté du temps et ma famille
qui n'est pas malade, mais toujours en vie,
ne m'ont laissé deniers ni gages ;
je trouve des gens entêtés à refuser
et mal instruits à donner ;
chacun est expert à garder le sien.
La Mort m'a encore causé de grands dommages,
et vous, bon roi, en deux voyages
vous avez éloigné de moi les bonnes gens
avec le lointain pèlerinage
de Tunis qui est un lieu sauvage
et la méchante race infidèle.

1. Profit, richesse, provision.

Grand roi, s'il arrive que je vous prie en vain,
(avec tous j'ai prié en vain, sans erreur)
il me faut vivre et les vivres me manquent.
Nul ne me soutient, nul ne me donne ;
je tousse de froid, je bâille de faim,
dont je suis mort et en mauvais point.
Je suis sans couettes et sans lit ;
il n'y a si pauvre jusqu'à Senlis.
Sire, je ne sais où aller ;
mes flancs connaissent le paillis,
et lit de paille n'est pas lit,
et en mon lit il n'y a que de la paille.

Sire, je vous fais assavoir
que je n'ai pas de quoi avoir du pain ;
à Paris, je suis au milieu de toutes les bonnes choses
et il n'y en a aucune qui soit mienne.
J'y vais peu et j'y prends peu ;
il m'y souvient plus de saint Paul (peu)
que de nul autre apôtre.
Je sais le « Pater », mais je ne sais ce qu'est « nôtre »
car la cherté du temps m'a tout ôté,
et il m'a si bien vidé ma maison
que le « Credo » m'est interdit,
et je n'ai pas plus que ce que vous voyez.

Traduction A. Mary

La Misère au foyer

Rutebeuf, XIIIe siècle, v. 1230 - v. 1285

Sentiments

Avant que vienne avril ou mai
Viendra le carême ;
À ce sujet je peux bien dire mon avis :
De poisson autant que de crème
Aura ma femme ;

Elle a tout loisir de sauver son âme :
Qu'elle jeûne donc pour la douce Dame,
Car elle en a loisir,
Et aille se coucher de bonne heure,
Car elle n'aura pas tout son saoul,
C'est chose sûre.
Qu'elle soit pleine de souffrance,
Car c'est ce dont je puis le mieux
La pourvoir.
Par le Seigneur qui dirige tout,
Quand je la pris, j'avais peu
Et elle moins.
Je ne suis pas travailleur manuel ;
L'on ne saura jamais où je demeure
À cause de ma pauvreté.
Jamais n'y sera ma porte ouverte,
Car ma maison est trop vide
Et pauvre et abîmée.
Souvent il n'y a ni pain ni pâte.
Ne me blâmez pas si je ne suis pas pressé
De retourner,
Car on ne m'y fera point bon visage :
L'on ne se réjouit pas de mon retour
Si je n'apporte rien ;
C'est ce qui m'afflige le plus,
Que je n'ose appeler à ma porte
La main vide.
Savez-vous comment je m'arrange ?
L'espérance du lendemain,
Voilà mes réjouissances.

Une vieille chemise...

Fatrasies, menteries et autres fantaisies
de Philippe de Beaumanoir, XIIIe siècle

Humour

Une vieille chemise
en tête s'est mise
de savoir plaider.
Mais une cerise
par-devant s'est mise
pour la maltraiter.
Si une vieille cuiller
qui l'haleine avait reprise
n'eût apporté un vivier
toute l'eau de la Tamise
fût entrée en un panier.

Je vis toute la mer...

Fatrasies, menteries et autres fantaisies
de Philippe de Beaumanoir, XIIIe siècle

Humour

Je vis toute la mer
s'assembler sur terre
pour faire un tournoi.
Des pois à piler

sur un chat montés
firent notre roi.
Là-dessus vint je ne sais quoi
qui prit Calais et Saint-Omer,
les mit tous deux à la broche
en les faisant reculer
devers le mont Saint-Éloi.

Un grand hareng saur...

Fatrasies, menteries et autres fantaisies
de Philippe de Beaumanoir, XIIIe siècle

Animaux - Humour

Un grand hareng saur
assaillit Gisors
d'une part et d'autre.
Et deux hommes morts
faisant grand effort
portant une porte.
Sans une vieille toute torte
qui criait « Dehors, dehors ! »
le cri d'une caille morte
les eût pris à grand effort
dessous un chapeau de feutre.

Traduction J.-P. Foucher

Chanson d'un ribaud

Chanson de poète anonyme, XIIIe siècle

Sentiments

Maintenant qu'est fini l'été,
je laisserai le libertinage :
voici l'hiver tout prêt à paraître,
le froid revient ;
j'ai trop fait la fête,
je veux chercher la retraite.

La retraite, elle n'est guère possible,
car je suis tout à fait à bas ;
le jeu de dés m'a mis aux abois
par la faute de mon vice ;
j'ai perdu tous mes vêtements,
excepté ma chemise.

Ma chemise évidemment :
elle a pauvre garniture !
Si elle avait valu si peu que ce fût,
je l'aurais mise au jeu,
et je me fusse exposé
d'un cœur léger à la brise.

La bise et les autres vents
me font la guerre très souvent ;
par-derrière et par-devant

apparaît ma chair nue.
Maintenant que Dieu m'aide !
J'ai perdu ma gaieté.
Ma gaieté et tous mes amis,
je les ai perdus, hélas !
Je n'irai en mon pays,
dussé-je perdre la vie,
tant que je serai pris
par la débauche.

La débauche m'a suivi,
et mis à la porte de ma maison ;
les femmes m'ont dindonné
auxquelles je me fiais ;
elles m'ont bien coûté cent livres
de bonne monnaie.

Chaque jour, il me faudrait
un setier plein de deniers :
si j'eusse un monnayer
qui forgeât monnaie,
il n'en saurait forger autant
que j'en dépenserais.

J'ai plus dépensé d'argent
en débauche qu'en sagesse.
Ce qui aurait dû avoir de la valeur pour moi
et m'enrichir,
je l'ai négligé ;
tel est mon jugement.

Traduction A. Mary

Le Rossignol et le Vilain

Chanson de poète anonyme, XIIIe ou XIVe siècle

Oiseaux

En mai, au doux temps nouveau,
quand reverdissent les prés,
j'ouïs sous un arbrisseau
chanter le rossignolet.
Saderala don !
Il fait si bon
dormir sous le buissonnet.

Comme j'étais pensif,
je m'assis sous le buisson :
je m'y endormis un peu
au doux chant de l'oiselet.
Saderala don !
Il fait si bon
dormir sous le buissonnet.

Quand je fus réveillé
je demandai à l'oiseau une faveur :
qu'il me réjouisse de son chant :
ainsi j'en serai plus gai.
Saderala don !
Il fait si bon :
dormir sous le buissonnet.

Et quand je me fus levé
je commençai à jouer de ma citole[1]
et fis chanter l'oiselet
devant moi dans le pré.
Saderala don !
Il fait si bon ;
dormir sous le buissonnet.

Le rossignolet disait
que pour un peu il serait devenu enragé
du grand chagrin qu'il avait
qu'un vilain l'avait ouï.
Saderala don !
Il fait si bon
dormir sous le buissonnet.

Traduction A. Mary

1. Instrument de musique à cordes (cithare).

Ballade de la mal-mariée

Chanson de poète anonyme, XIIIe siècle

Sentiments

Mignonne suis et pourtant je soupire
J'ai un mari que mon cœur ne désire.

Je vous dirai comment je suis éprise
Mignonne suis...
Je suis menue, jeunette et fraîche fille
Mignonne suis...
Je devrais avoir un charmant mari
Qui en tous temps me fît jouer et rire
Mignonne suis et pourtant je soupire
J'ai un mari que mon cœur ne désire.

Dieu ne me sauve si j'en suis amoureuse !
Mignonne suis...
Lui ! de l'aimer ! je n'ai la moindre envie !
Mignonne suis...
Quand je le vois, j'en deviens si honteuse
Que je demande à la mort de l'occire !
Mignonne suis et pourtant je soupire
J'ai un mari que mon cœur ne désire.

Mais sachez bien que je suis décidée,
Mignonne suis...

Si son amour mon ami m'a gardé...
Mignonne suis...
C'est là l'espoir où je me suis donnée...
Hélas ! je ne le vois ni ne l'admire
Mignonne suis et pourtant je soupire
J'ai un mari que mon cœur ne désire.
Je vous dirai que je suis décidée
Mignonne suis...
Car si longtemps mon ami m'a aimée
Mignonne suis...
Que mon amour lui sera tout donné ;
Mon bel espoir que tant j'aime et désire.
Mignonne suis et pourtant je soupire
J'ai un mari que mon cœur ne désire.
Sur ce bel air je fais fine ballade,
Mignonne suis...
Je vous en prie, au loin chantez-la tous
Mignonne suis...
Et que la chante toute femme d'esprit
Sur mon ami que tant j'aime et désire
Mignonne suis et pourtant je soupire
J'ai un mari que mon cœur ne désire.

Traduction C. Camproux

Un mortier de plume...

Fatrasies, menteries et autres fantaisies
d'un anonyme, XIIIe siècle

Nature

Un mortier de plume
but toute l'écume
qui était en mer.
Voilà qu'une enclume
qui était enfrume
s'en vint le blâmer.
Un chat se met à pleurer
si fort que la mer s'allume.
Un jeudi après souper
il fait convier une plume
à quatre truies épouser.

Un bel arbre rond...

Fatrasies, menteries et autres fantaisies d'un anonyme, XIIIe siècle

Humour

Un bel arbre rond
par-dessus Soissons
entraînait la mer.
Un émerillon
de ses ailerons
allait l'éventer.
Il eût tout écrabouillé
n'eût été un limaçon
qui la terre eut à garder
commandant à deux oisons
de traîner quatre larrons.

Traduction J.-P. Foucher

Tant sont amour…

Fatrasies, menteries et autres fantaisies
de Watriquet, XIVe siècle

Humour

Tant sont amour, vertu, nobles et puissants
qu'elle a sur tous seigneurie et puissance.

Tant sont amour, vertu, nobles et puissants
dit un ciron plus gros que le croissant
qu'elle me fait couler dedans la panse
la haute mer et les poissons nageant.
Et revêtirent une paire de gants
le Prince de Galles et la Reine de France.
Je ferai peser Dieu en une balance.
S'il ne me fait en tout semblable à lui
j'irai me plaindre à un couteau sans manche
de ce qu'une oie est si outrecuidante
qu'elle ait sur tous seigneurie et puissance.

Traduction J.-P. Foucher

Douce, aimable, gente et jolie...

Fatrasies, menteries et autres fantaisies
de Jean Régnier, XIVe siècle

Humour

Douce, aimable, gente et jolie
faisait rôtir de la bouillie
au plus haut d'un moulin à vent.
Un brochet, par une poulie,
monta dedans un sac à lie
un abbé et tout son couvent
trois lieues outre soleil levant
pour voir le trou d'où vient la pluie.
Mais du trou bondit une truie
qui des poussins allait couvant
et leur porta à l'au-devant
deux grands tonneaux de malvoisie.
Et leur dit : « Seigneur, je vous prie,
tenez-moi pour votre servant. »

Traduction J.-P. Foucher

Virelai

Eustache Deschamps, XIVe et XVe siècles, 1346 - 1406

Humour - Sentiments

Suis-je, suis-je, suis-je belle ?
Il me semble, à mon avis,
Que j'ai beau front et doux vis [1],
Et la bouche vermeillette ;
Dites-moi si je suis belle.

J'ai verts yeux, petits sourcils,
Le chef blond, le nez traitis [2],
Rond menton, blanche gorgette ;
Suis-je, suis-je, suis-je belle ?

J'ai dur sein et haut assis,
Longs bras, grêles doigts aussi,
Et, par le faulx [3], suis grêlette ;
Dites-moi si je suis belle.

J'ai pieds rondets et petits,
Bien chaussants et beaux habits,
Je suis gaie et foliette ;
Dites-moi si je suis belle. /…/

J'ai manteaux fourrés de gris,
J'ai chapeaux, j'ai beaux profits,
Et d'argent maintes espinglettes ;
Suis-je, suis-je, suis-je belle ?

1. Visage.
2. Délicat.
3. Taille.

J'ai drap de soie et tapis,
J'ai draps d'or et blanc et bis,
J'ai mainte bonne chosette ;
Dites-moi si je suis belle.

Que quinze ans n'ai, je vous dis ;
Moult est mes trésors jolis,
S'en garderai la clavette ;
Suis-je, suis-je, suis-je belle ?

Bien devront être hardis
Ceux, qui seront mes amis,
Qui auront tel' demoiselle ;
Dites-moi si je suis belle.

Et par Dieu, je lui plevis[4]
Que très loyal', si je vis,
Lui serai, si ne chancelle ;
Dites-moi si je suis belle.

S'il est courtois et gentil,
Vaillant, apers[5], bien appris,
Il gagnera sa querelle ;
Dites-moi si je suis belle.

C'est un mondain paradis
Que d'avoir dame toudis[6]
Ainsi fraîche, ainsi nouvelle ;
Suis-je, suis-je, suis-je belle ?

Entre vous, accouardis,
Pensez à ce que je dis ;
Ci finit ma chansonnelle ;
Suis-je, suis-je, suis-je belle ?

4. Promets.
5. Aimable, franc.
6. Tous les jours.

Qui pendra la sonnette au chat ?

Fable d'Eustache Deschamps, XIVe et XVe siècles, 1346 - 1406

Animaux

Je trouve qu'entre les souris
Eut[1] un merveilleux parlement
contre les chats leurs ennemis,
À veoir manière comment
Elles vécussent sûrement,
Sans demeurer en tel débat[2] ;
L'une dit alors en arguant[3] :
« Qui pendra la sonnette au chat ? »
Ce conseil fut conclus et pris ;
Lors se partent[4] communément[5].
Une souris du plat pays
Les encontre et va demandant
Qu'[6] on a fait. Lors vont répondant
Que leurs ennemis seront mat[7] :
Sonnette auront au cou pendant.
« Qui pendra la sonnette au chat ?

– C'est le plus fort », dit un rat gris[8].
Elle demande sagement
Par qui sera ce fait fourni.
Lors s'en va chacun excusant[9] ;
Il n'y eut point d'exécutant :

…/…

1. Il y eut.
2. État d'alerte.
3. Raisonnant, discutant (cf. argument).
4. Séparent.
5. Toutes.
6. Ce qu'…
7. Défaits, vaincus (cf. l'expression du jeu d'échecs : échec et mat).
8. C'est la « souris du plat pays » qui pose la question.
9. S'excusant.

S'en va leur besogne de plat [10].
Bien fut dit, mais, au demeurant,
Qui pendra la sonnette au chat ?

Prince, on conseille bien souvent,
Mais on peut dire, com [11] le rat,
Du conseil qui sa fin ne prend [12] :
« Qui pendra la sonnette au chat ? »

10. « Tombe à plat » dirions-nous familièrement.
11. Comme.
12. Qui n'aboutit à rien.

Seulette suis...

Berceuse de Christine de Pisan, XIVe et XVe siècles, v. 1363 - v. 1430

Sentiments

Seulette suis et seulette veux être,
Seulette m'a mon doux ami laissée,
Seulette suis sans compagnon ni maître,
Seulette suis dolente et courroucée,

...

Seulette suis en langueur mal aisée,
Seulette suis plus que nulle égarée,
Seulette suis sans ami demeurée.

Seulette suis à huis ou à fenêtre,
Seulette suis en un anglet muchée [1],
Seulette suis pour moi de pleurs repaître,
Seulette suis, dolente ou apaisée,
Seulette suis, rien n'est qui tant me siée,
Seulette suis en ma chambre enserrée,
Seulette suis sans ami demeurée.

Seulette suis partout et en tout astre [2].
Seulette suis, que j'aille ou que je siée,
Seulette suis plus qu'autre rien terrestre,
Seulette suis de chacun délaissée,
Seulette suis durement abaissée,
Seulette suis souvent toute épleurée,
Seulette suis sans ami demeurée.

Princes, or est ma douleur commencée :
Seulette suis de tout deuil menacée,
Seulette suis plus tainte que morée [3].
Seulette suis sans ami demeurée.

1. Cachée.
2. Être.
3. Plus sombre que brune.

Je ne sais comment je dure…

Rondeau de Christine de Pisan, XIVe et XVe siècles.

v. 1363 - v. 1430

Sentiments

Je ne sais comment je dure,
Car mon dolent cœur fond d'ire [1]
Et plaindre n'ose, ni dire
Ma douloureuse aventure,

Ma dolente vie obscure.
Rien, fors [2] la mort, ne désire ;
Je ne sais comment je dure.

Et me faut, par couverture [3],
Chanter que [4] mon cœur soupire
Et faire semblant de rire ;
Mais Dieu sait ce que j'endure.
Je ne sais comment je dure.

1. Mon cœur qui souffre fond de chagrin.
2. Excepté.
3. En me cachant.
4. Ce que mon cœur soupire.

Oiseuse

Fatrasies, menteries et autres fantaisies d'un anonyme, XIVe siècle

Humour – Rêve et féerie

Qui a ôté
notre pâté
que j'ai mangé ?

Dans ce danger
l'oie a nagé
dedans un songe.

L'hiver me ronge.
Pâques me plonge
en grand sommeil.

Ô non pareil
qui est vermeil
sur une face !

Une limace
prend votre place
et c'est Noël.

Traduction J.-P. Foucher

L'ombre de la tourterelle...

Fatrasies, menteries et autres fantaisies d'un anonyme, XIVe siècle

Humour – Rêve et féerie

L'ombre de la tourterelle
a volé un échanson
ce jour-là où la tournelle
est tombée en pâmoison.
Les larmes d'un cœur fidèle
ont noyé tous les poissons
nés de jeunes maquerelles.
Si êtes sage en chausson
quand l'été mord aux prunelles
je vous dirai les leçons
de ma maîtresse haridelle.
Et dans les bras d'une échelle
je danserai sans façons

Traduction J.-P. Foucher

Nul ne doit être joyeux...

Fatrasies, menteries et autres fantaisies d'un anonyme, XIVe siècle

Humour – Rêve et féerie

Nul ne doit être joyeux
s'il n'a amie.
J'aime autant croûte que mie
lorsque j'ai faim,
Tiens ce cheval par le frein,
toi, malheureux.
Autant en un comme en deux
ou par hasard.
J'aime autant me lever tard
qu'au point du jour.

Traduction J.-P. Foucher

Baguenaude

Fatrasies, menteries et autres fantaisies d'un anonyme,
XIVe et XVe siècles

Humour – Rêve et féerie

Qui veut très bien plumer son coq
il faut le mettre en un houseau[1].
Qui met sa tête dans un sac
il ne voit goutte par le trou.
Sergents prennent gens par le nez
et moutarde par les deux bras.
Plutôt court le soleil à pied
qu'un lièvre ne court à cheval.
Pourquoi, dites, faire tant de bruit
quand les gens sont armés d'écaille ?
Si vous avez mauvaise femme
mettez sa tête en un soufflet.
Faites-en un maillet de sauge.
Jamais plus ne sera mauvaise.

Traduction J.-P. Foucher

1. Chaussure haute.

Jeu-Parti

Fatrasies, menteries et autres fantaisies d'un anonyme, XIVe et XVe siècles

Humour – Rêve et féerie

Un homme qui n'a pas mangé
court sur la corde.
La biche entre dans le palais
et meurt de peur.
On ne peut pas tuer ce matin
les cris de joie.
L'honneur d'amis de nos amis
sonne midi.
Il n'y a plus d'oignon tout nu
dessus la planche.
Voilà cinq fois que perds un doigt
en quatre mois.
Un petit et je me repose
dans le Seigneur.
J'ai perdu le nom de mon père
dans la bataille.
Une étincelle s'est échappée
de ma mamelle.
Jongleresse devient comtesse
au cœur de nuit.
Mon cœur me suit à petit pas
dans la journée.

Traduction J.-P. Foucher

Les Petits Enfançonnets

Charles d'Orléans, XVe siècle, 1391 - 1465

Enfance, souvenirs

Quant n'ont assez fait dodo
Ces petitz enfanchonnès
Ils portent soubz leurs bonnès
Visages plains de bobo.

C'est pitié s'ils font jojo
Trop matin, les doulcinès,
Quant n'ont assez fait dodo
Ces petitz enfanchonnès.

Mieulx amassent a gogo
Gesir sur molz coissinès,
Car ils sont tant poupinès !
Helas ! c'est gnogno, gnogno [1]
Quant n'ont assez fait dodo.

1. Grognon.

Le Chien Briquet

Charles d'Orléans, XVe siècle, 1391 - 1465

Animaux

Près la, Briquet aux pendantes oreilles
Tu scez que c'est de deduit de gibier ;
Au derrenier tu auras ton loyer
Et puis seras viande pour corneilles.

Tu ne fais pas miracles, mais merveilles
Et as ayde pour te bien ensaigner.
Près la, Briquet aux pendantes oreilles.
Tu scez que c'est de deduit de gibier.

A toute heure diligemment traveilles,
Et en chasse vaulx autant qu'un limier
Tu amaines au tiltre de levrier,
Toutes bestes, et noires et vermeilles.
Près la, Briquet aux pendantes oreilles.

Le temps a laissé son manteau...

Rondel de Charles d'Orléans, XVe siècle, 1391 - 1465

Temps, saisons

Le temps a laissé son manteau
De vent, de froidure et de pluie,
Et s'est vêtu de broderie,
De soleil riant, clair et beau.

Il n'y a bête ni oiseau
Qu'en son jargon ne chante ou crie :
Le temps a laissé son manteau
De vent, de froidure et de pluie.

Rivière, fontaine et ruisseau
Portent en livrée[1] jolie
Gouttes d'argent d'orfèvrerie ;
Chacun s'habille de nouveau,
Le temps a laissé son manteau.

1. Parure.

Ballade du premier jour de mai

Chanson du poète Charles d'Orléans, XVe siècle.
1391 - 1465

Sentiments – Temps, saisons

Trop longtemps vous vois sommeiller,
Monsieur, en deuil et déplaisir ;
Veuillez-vous, ce jour éveiller :
Allons au bois le mai cueillir,
Pour la coutume maintenir.
Nous orrons des oiseaux le glai [1]
Dont ils font les bois retentir,
Ce premier jour du mois de mai.

Le Dieu d'Amour est coutumier,
A ce jour de fête tenir,
Pour amoureux cœurs festoyer
Qui désirent de le servir ;
Pour ce fait les arbres couvrir
Des fleurs et des champs de vert gai,
Pour la fête plus embellir
Ce premier jour du mois de mai.

Bien sais, mon cœur, que faux Danger
Vous fait maintes peines souffrir
Car il vous fait trop éloigner
Celle qui est votre désir.

1. Parure.

Mieux conseiller je ne vous sais
Pour votre douleur amoindrir,
Ce premier jour du mois de mai.

Ma Dame, mon seul souvenir
En cent jours je n'aurai loisir
De vous raconter tout au vrai
Le mal qui tient mon cœur martyr
Ce premier jour du mois de mai.

Priez pour paix...

Ballade de Charles d'Orléans, XVe siècle, 1391 - 1465

Guerre, mort

Priez pour paix, doulce Vierge Marie,
Royne des cieulx et du monde maistresse ;
Faictes prier, par vostre courtoisie,
Saincts et sainctes, et prenez vostre adresse
Vers vostre Filz, requerant sa haultesse
Qu'il Lui plaise son peuple regarder
Que de son sang a voulu racheter,
En desboutant guerre qui tout desvoye.
De prieres ne vous vueilliez lasser,
Priez pour paix, le vray tresor de joye.

Priez, prelatzs et gens de saincte vie,
Religieux, ne dormez en paresse ;
Priez, maistres et tous suivans clergie,
Car par guerre fault que l'estude cesse ;
Moustiers destruis sont sans qu'on les redresse,
Le service de Dieu vous fault laissier,
Quant ne pouvez en repos demourer.
Priez si fort que briefment Dieu vous oye :
L'Eglise voult a ce vous ordonner ;
Priez pour paix, le vray tresor de joye.

Priez, princes qui avez seigneurie,
Rois, ducs, contes, barons plains de noblesse,
Gentilz hommes avec chevalerie,

Car meschans gens surmontent gentillesse.
En leurs mains ont toute vostre richesse,
Debatz les font en hault estat monter,
Vous le pouvez chascun jour veoir au cler,
Et sont riches de voz biens et monnoye,
Dont vous deussiez le peuple supporter.
Priez pour paix, le vray tresor de joye.

Priez, peuple qui souffrez tirannie :
Car voz seigneurs sont en telle foiblesse
Qu'ilz ne peuvent vous garder par mestrie,
Ne vous aidier en vostre grant destresse.
Loyaulx marchans, la selle si vous blesse
Fort sur le dos : chascun vous vient presser
Et ne pouvez marchandise mener,
Car vous n'avez seur passage ne voye
Et maint peril vous convient il passer :
Priez pour paix, le vray tresor de joye.

Priez, galans joyeulx en compaignie,
Qui despendre desirez a largesse,
Guerre vous tient la bourse desgarnie ;
Priez, amans qui voulez en liesse
Servir Amours, car guerre, par rudesse,
Vous destourbe de voz dames hanter,
Qui maintes foiz fait leurs vouloirs tourner ;
Et quant tenez le bout de la courroye,
Un estrangier si le vous vient oster.
Priez pour paix, le vray tresor de joye.

Dieu tout puissant nous vueille conforter
Toutes choses en terre, ciel et mer!
Priez vers lui que brief en tout pourvoye,
En lui seul est de tous maulx amender:
Priez pour paix, le vray tresor de joye!

Je plains le temps de ma jeunesse...

François Villon, XVe siècle, v. 1431 - après 1463

Enfance, souvenirs

Je plains le temps de ma jeunesse,
Auquel j'ai plus qu'autre galé [1]
Jusqu'à l'entrée de vieillesse,
Qui son partement m'a celé [2].
Il ne s'en est à pied allé
N'a cheval : hélas ! comment donc ?

1. S'amuser, faire la fête.
2. Qui m'a caché son départ.

…

Soudainement s'en est volé
Et ne m'a laissé quelque don.

Allé s'en est, et je demeure
Pauvre de sens et de savoir,
Triste, failli [3], plus noir que meure [4],
Qui n'ai ne cens, rente, n'avoir ;
Des miens le moindre [5], je dis voir [6],
De me désavouer s'avance [7],
Oubliant naturel devoir
Par faute d'un peu de chevance [8].

Hé ! Dieu, si j'eusse étudié
Au temps de ma jeunesse folle,
Et à bonnes mœurs dédié [9],
J'eusse maison et couche molle,
Mais quoi ! je fuyoie l'école
Comme fait le mauvais enfant ;
En écrivant cette parole
À peu que le cœur ne me fend [10].

Où sont les gracieux galants
Que je suivais au temps jadis,
Si bien chantants, si bien parlants,
Si plaisants en faits et en dits ?
Les aucuns [11] sont morts et roidis,
D'eux n'est-il plus rien maintenant :
Repos aient [12] en paradis
Et Dieu sauve le demeurant ! /…/

3. Désemparé.
4. Mûre.
5. Le plus humble de mes parents.
6. Vrai.
7. Se hâte de me renier.
8. D'un peu de bien, d'argent.
9. Si je m'étais consacré aux bonne mœurs, si j'avais mené une vie morale.
10. Peu s'en faut que mon cœur ne se fende.
11. Les uns.
12. Qu'ils aient repos.

Fourbissez votre ferraille...

Fatrasies, menteries et autres fantaisies de Jean Molinet, XVe siècle, 1435 - 1507

Humour

Fourbissez votre ferraille
Aiguisez vos grands couteaux !

Fourbissez votre ferraille
Quotinaille, quetinailles,
Quoquardaille, friandeaux,
Garsonaille, ribaudaille,
Laronnaille, brigandaille,
Crapaudaille, leisardeaux,
Cavestraille, goulardeaux,
Villenaille, bonhommaille,
Fallourdaille, paillardeaux,
Truandaille et lopinaille
Aiguisez vos grands couteaux.

J'ai vu...

Jean Molinet, XVe siècle, 1435 - 1507

Humour

J'ai vu des loups sauvages
qui occirent un lion
garder sur les rivages
des agneaux par millions.
Moutons, loups et brebielles
s'accordèrent enfin
pour peigner les oreilles
au renard rouge et fin.

*

J'ai vu un clerc de village
qui mangeait un gros raton
puis une poule volage
puis un quartier de mouton.
Puis du pain à pourvoyance
pour fourrer dans ses boyaux.
Je ne sais comment sa panse
ne se rompait en morceaux.

*

Les moutons prisonnèrent
en son parc le berger.
Les chiens qui le gardaient
durent s'en éloigner.
Le berger prit figure
d'agneau mais les brebis
dont il avait la cure
devinrent loups ragés.

*

J'ai vu ici descendre
un fort jeune éléphant
de couleur comme cendre
fier et fort remuant.
De sa grande narine
fort bien il se doucha
et puis sur la marine
tristement se noya.

Cri du Prince des Sots

Pierre Gringore, XVe et XVIe siècles. v. 1475 - v. 1538

Humour

[...] Sots lunatiques, Sots étourdis, Sots sages,
Sots de villes, de châteaux, de villages,
Sots rassotés[1], Sots niais, Sots subtils,
Sots amoureux, Sots privés, Sots sauvages,
Sots vieux, nouveaux, et Sots de toutes âges,
Sots barbares, étranges et gentils,
Sots raisonnables, Sots pervers, Sots rétifs,
Votre Prince, sans nulles intervalles,
Le Mardi Gras jouera ses Jeux aux Halles.

Sottes dames et Sottes demoiselles,
Sottes vieilles, Sottes jeunes, nouvelles,
Toutes Sottes aimant le masculin,
Sottes hardies, couardes, laides, belles,
Sottes frisques[2], Sottes douces, rebelles,

1. Devenus sots (par opposition aux autres sortes).
2. Pimpantes, fringantes.

Sottes qui veulent avoir leur picotin[3],
Sottes trottantes sur pavé, sur chemin,
Sottes rouges, maigres, grasses et pâles,
Le Mardi Gras jouera le Prince aux Halles.

Sots ivrognes, aimant les bons lopins,
Sots qui crachent au matin jacopins[4],
Sots qui aiment jeux, tavernes, ébats ;
Tous Sots jaloux, Sots gardant les patins,
Sots qui chassent nuit et jour aux lapins ;
Sots qui aiment à fréquenter le bas,
Sots qui faites aux dames les choux gras,
Advenez-y, Sots lavés et Sots sales ;
Le Mardi Gras jouera le Prince aux Halles. /… /

3. Avoir ce qui leur revient, leur aumône ou leur maraudage.
4. Crachats.

J'ay bien nourry...

Anonyme, XVe siècle

Oiseaux

J'ay bien nourry sept ans ung joly gay[1]
En une gabiolle[2],
Et quant ce vint au premier jour de may
Mon joly gay s'en vole.

Il s'en vola dessus un pin,
A dit mal de sa dolle[3],
« Reviens, reviens, mon joly gay,
Dedans ta gabiolle.

D'or et d'argent te la feray
Dedans comme dehors.
–Ja, par ma foy n'y entrerai
De cest an ne de l'autre. »

Le gay vola aux bois tout droit ;
Il feit bien sa droiture[4],
Ne retourner ne doit par droit ;
Franchise[5] est sa nature.

1. Geai.
2. Cage.
3. Cage.
4. Ce qui était dans son droit.
5. Liberté.

Moyens pour faire revenir le Bon Temps

Fatrasies, menteries et autres fantaisies d'un anonyme, XVe siècle

Enfance, souvenirs – Humour

/…/ Aussitôt que verrez les lièvres
Courir après les chiens par voie,
Les choux aussi manger les chèvres,
Et les perdrix oiseaux de proie,
S'il n'y a faute de monnoye [1]
Par force d'emprunt ou de tailles [2],
Bon Temps verrez, s'il ne fourvoie,
Armé de flacons et bouteilles.

Quand vous verrez manger aux pois
Les ramiers [3], aussi les pigeons,
Et les fèves aucunes fois
La truie avec ses cochons,
Les hayes avec les buissons
Danser le trihory [4] ensemble,
Et les chats pêcher les poissons,
Le Bon Temps aurez, ce me semble. /…/

Quand les boiteux iront tout droit
Ou les aveugles clair verront,
Si les bossus ont le corps droit
Et les muets verrons parler,
Et qu'aux sourds verrez calculer

1. Monnaie.
2. À cause d'emprunts et d'impôts.
3. Quand vous verrez les pois manger les ramiers.
4. Danse.

Tout ce que les muets diront,
Bon Temps viendra sans reculer
Pourvu qu'on ne l'empêche au pont. [...]

Si vous voyez courir les fleuves
Et les rivières en contremont,
Bon Temps viendra, comme je treuve[5],
Au moins si le pavé ne fond
Au soleil, pour le grand chaud qu'ont
Les carreaux quand il gèle fort
En hiver, par le vent d'amont,
Qui nous est un grand réconfort. [...]

Quand vous verrez les boulangers
Donner tout leur pain au commun
Pareillement les taverniers
Donner leur vin à un chacun,
Si Bon Temps a temps opportun
Et que personne ne l'empêche
Il viendra de Blois ou de Meung
Mais qu'il puisse avoir sa dépêche[6].

Mais que vous voyez aux chardons
Manger les ânes et chevaux[7],
Et qu'on nous donne les moutons
Sans bailler argent, monts et vaux ;
Si les bouchers donnent leurs veaux
À la boucherie et leur chair,
Et les cordonniers leurs houseaux[8],
Le Bon Temps verrez approcher. [...]

5. Je trouve.
6. Son laissez-passer.
7. Si vous voyez les chardons manger les ânes et les chevaux.
8. Chaussures hautes.

Lorsque vous verrez une enclume,
En la forge d'un maréchal,
Sauter en l'air comme une plume
Ou que la crigne[9] d'un cheval,
Regardez d'amont ou d'aval,
Et que, sans souffler, le vent vente,
Je soutiens, pour propos final,
Que Bon Temps vient, s'il ne s'absente.

Quand il n'y aura plus de crottes
En Paris, près de Petit-Pont,
Et qu'il ne sera plus de sottes,
Ou que Seine ira contremont,
Regardez tout soudain où sont
Vos éperons, brides et selles ;

9. Comme la crinière.

Bon Temps viendra, en un mot rond,
À pied, s'il n'a plumes et ailes. [...]

Il viendra en magnificence,
Avec flacons, barils, bouteilles,
Et gros jambons, comme je pense,
Et mettra jus et bas les tailles[10],
Guerres, querelles et batailles,
Et fera pendre ces méchants
Qui rompent portes et murailles
Et tourmentent les pauvres gens. [...]

Pour éviter que soyez pris
Et surpris quand Bon Temps viendra,
Ici j'ai les signes compris
Qui viendront ; garde qui voudra ;
Pour ce qu'hotellerie tiendra,
Avoir lui faut avoine et paille ;
Il paiera tout ce qu'il prendra
Tout court, sans rabattre une maille[11]

10. Il rendra les impôts plus justes et plus bas.
11. Celui qui tiendra un hôtel devra disposer d'avoine et de paille ; Le Bon Temps paiera tout ce qu'il prendra Sans marchander.

Poèmes

du 16e siècle

Chanson de Galatée

Chanson du poète Jean Lemaire de Belges, 1473 - v. 1525

Nature – Temps, saisons

Arbres feuillus, revêtus de verdure,
Quand l'hiver dure, on vous voit désolés.
Mais maintenant aucun de vous n'endure
Nulle laideur, mais vous donne Nature
Riche peinture et fleurons à tous lez [1] ;
Ne vous branlez, ne tremblez, ne croulez
Soyez mêlés de joie et fleurissance,
Zéphir est sus, donnant aux fleurs issance [2].

Gentes bergerettes,
Parlant d'amourettes
Dessous les coudrettes,
Jeunes et tendrettes
Cueillent fleurs jolies,
Framboises, meurettes,
Pommes et poirettes,
Rondes et durettes
Fleurons et fleurettes
Sans mélancolie. /.../

Chouettes s'enfuient,
Couleuvres s'étuient,
Cruels loups s'enfuient,
Pastoureaux les huient,
Et Pan les poursuit.
Les oiselets bruient
Les cerfs aux bois ruient [3],
Les champs s'enjolient,
Tous éléments rient
Quand Aurora luit.

1. De tous les côtés.
2. Naissance.
3. Brament.

Il n'est point tant de barques à Venise...

Sonnet de Mellin de Saint-Gelais, 1491-1558

Humour

Il n'est point tant
de barques à Venise…

Il n'est point tant de barques à Venise,
D'huîtres à Bourg, de lièvres en Champagne,
D'ours en Savoie et de veaux en Bretagne,
De cygnes blancs le long de la Tamise ;

Ni tant d'amours se traitant en l'église,
Ni différends aux peuples d'Allemagne,
Ni tant de gloire à un seigneur d'Espagne,
Ni tant se trouve à la cour de feintise [1] ;

Ni tant y a de monstres en l'Afrique,
D'opinions en une République,
Ni de pardons à Rome un jour de fête ;

Ni d'avarice aux hommes de pratique,
Ni d'arguments en une Sorbonnique [2],
Que m'amie a de lunes en la tête [3].

1. Mensonge.
2. École de théologie.
3. Changer d'humeur ou d'idée.

Sur le printemps de ma jeunesse folle...

Clément Marot, 1496-1544

Animaux – Oiseaux – Enfance, souvenirs

Sur le printemps de ma jeunesse folle,
Je ressemblais l'arondelle [1] qui vole,
Puis çà, puis là : l'âge me conduisait
Sans peur ni soin, où le cœur me disait.
En la forêt, sans la crainte des loups,
Je m'en allais souvent cueillir le houx,
Pour faire glu à prendre oiseaux ramages,
Tous différents de chants et de plumages.

1. Hirondelle.

Oh ! quantes[2] fois aux arbres grimpé j'ai,
Pour dénicher ou la pie ou le geai,
Ou pour jeter des fruits jà[3] mûrs et beaux
À mes compains qui tendaient leurs chapeaux !
Aucunes fois[4] aux montagnes allais,
Aucunes fois aux fosses dévalais,
Pour trouver là les gîtes des fouines,
Des hérissons ou des blanches hermines,
Ou, pas à pas, le long des buissonnets,
Allais cherchant les nids des chardonnets,
Ou des serins, des pinsons ou linottes.
Déjà pourtant je faisais quelques notes
De chant rustique, et dessous les ormeaux,
Quasi enfant, sonnais des chalumeaux[5].
J'ois[6], d'autre part, le pivert jargonner,
Siffler l'écouffe[7], et le butor tonner,
Vois l'étourneau, le héron et l'aronde
Étrangement voler tout à la ronde,
M'avertissant de la froide venue
Du triste hiver qui la terre dénue.

2. Combien de.
3. Déjà.
4. Parfois.
5. Sorte de flûte.
6. J'entendais.
7. Milan (rapace).

De sa grande amye

Clément Marot, 1496-1544

Sentiments

Dedans Paris, Ville jolie,
Un jour passant melancolie
Je prins alliance nouvelle
A la plus gaye Damoyselle,
Qui soit d'icy en Italie.
D'honnesteté elle est saisie,
Et croy – selon ma fantaisie –
Qu'il n'en est gueres de plus belle
Dedans Paris.
Je ne la vous nommeray mye,
Sinon que c'est ma grand'Amye,
Car l'alliance se feit telle,
Par un doulx baiser, que j'eus d'elle
Sans penser aucune infamie
Dedans Paris.

Au roi, « pour avoir été dérobé »

Clément Marot, 1496-1544

Humour

J'avais un jour un valet de Gascogne,
Gourmand, ivrogne, et assuré menteur,
Pipeur [1], larron, jureur, blasphémateur,
Sentant la hart [2] de cent pas à la ronde,
Au demeurant, le meilleur fils du monde...

1. Trompeur.
2. Corde du gibet.

Ce vénérable hillot[3] fut averti
De quelque argent que m'aviez departi[4],
Et que ma bourse avait grosse apostume[5] ;
Si[6] se leva plus tôt que de coutume,
Et me va prendre en tapinois icelle ;
Puis la vous mit très bien sous son aisselle,
Argent et tout, cela se doit entendre,
Et ne crois point que ce fût pour la rendre,
Car onques puis[7] n'en ai ouï parler.
Bref, le vilain ne s'en voulut aller
Pour si petit[8], mais encore il me happe
Saie[9] et bonnet, chausses, pourpoint et cape ;
De mes habits, en effet, il pilla
Tous les plus beaux ; et puis s'en habilla
Si justement, qu'à le voir ainsi être
Vous l'eussiez pris, en plein jour, pour son maître.
Finablement, de ma chambre il s'en va
Droit à l'étable, où deux chevaux trouva ;
Laisse le pire, et sur le meilleur monte,
Pique et s'en va. Pour abréger le conte,
Soyez certain qu'au sortir dudit lieu
N'oublia rien, fors[10] à me dire adieu.
Ainsi s'en va, chatouilleux de la gorge,
Ledit valet, monté comme un Saint George[11],
Et vous laissa Monsieur dormir son soûl,
Qui au réveil n'eût su finer[12] d'un sou.
Ce Monsieur-là, Sire, c'était moi-même,
Qui, sans mentir, fus au matin bien blême,
Quand je me vis sans honnête[13] vêture,
Et fort fâché de perdre ma monture ;

3. Garçon (mot gascon).
4. Attribué.
5. Tumeur, enflure.
6. Aussi.
7. Jamais depuis.
8. Peu.
9. Casaque.
10. Sauf.
11. Qui combattit, à cheval, un terrible dragon.
12. S'acquitter.
13. Honorable.

Mais, de l'argent [14] que vous m'aviez donné,
Je ne fus point de le perdre étonné ;
Car votre argent, très débonnaire [15] Prince,
Sans point de faute, est sujet à la pince [16].
Bientôt après cette fortune-là,
Une autre pire encore se mêla
De m'assaillir, et chacun jour m'assaut,
Me menaçant de me donner le saut,
Et de ce saut m'envoyer à l'envers
Rimer sous terre et y faire des vers.
C'est une lourde et longue maladie
De trois bons mois, qui m'a toute élourdie
La pauvre tête, et ne veut terminer,
Ains [17] me contraint d'apprendre à cheminer ;
Tout affaibli m'a d'étrange manière,
Et si m'a fait la cuisse héronnière [18],
L'estomac sec, le ventre plat et vague...
Que dirai plus ? Au misérable corps
Dont je vous parle, il n'est demeuré fors
Le pauvre esprit, qui lamente et soupire,
Et en pleurant tâche à vous faire rire.
Et pour autant [19], Sire, que suis à vous,
De trois jours l'un viennent tâter mon pouls
Messieurs Braillon, Le Coq, Akakia [20],
Pour me garder d'aller jusqu'à quia [21].
Tout consulté, ont remis au printemps
Ma guérison ; mais, à ce que j'entends,
Si je ne puis au printemps arriver,
Je suis taillé [22] de mourir en hiver ;
Et en danger, si en hiver je meurs,

14. Quant à l'argent...
15. Noble.
16. Allusion à la dilapidation du Trésor.
17. Mais.
18. Maigre comme celle d'un héron.
19. Parce que...
20. Trois illustres médecins de la Cour.
21. À la dernière extrémité.
22. Capable de.

De ne voir pas les premiers raisins meurs[23].
Voilà comment, depuis neuf mois en çà,
Je suis traité. Or ce que me laissa
Mon larronneau, longtemps a[24] l'ai vendu,
Et en sirops et juleps[25] dépendu[26];
Ce néanmoins[27], ce que je vous en mande
N'est pour vous faire ou requête, ou demande:
Je ne veux point tant de gens ressembler
Qui n'ont souci autre que d'assembler;
Tant qu'ils vivront, ils demanderont, eux;
Mais je commence à devenir honteux,
Et ne veux plus à vos dons m'arrêter.
Je ne dis pas, si voulez rien[28] prêter,
Que ne le prenne. Il n'est point de prêteur,
S'il veut prêter, qui ne fasse un debiteur.
Et savez-vous, Sire, comment je paye?
Nul ne le sait, si premier[29] ne l'essaye;
Vous me devrez, si je puis, de retour;
Et vous ferai encores un bon tour.
À celle fin[30] qu'il n'y ait faute[31] nulle,
Je vous ferai une belle cédule[32]
À vous payer (sans usure[33], il s'entend)
Quand on verra tout le monde content;
Ou, si voulez, à payer ce sera,
Quand votre los[34] et renom cessera.

23. Mûrs.
24. Il y a longtemps que.
25. Potions.
26. Dépensé.
27. Malgré cela.
28. Quelque chose.
29. D'abord.
30. Afin que.
31. Défaillance (du débiteur).
32. Engagement écrit.
33. Intérêt.
34. Gloire.

Chant sur la naissance de Jean

Chanson du poète Charles Fontaine, 1505 - 1588

Enfance, souvenirs

Petit enfant, peux-tu le bien venu
Estre sur terre, où tu n'apportes rien ?
Mais où tu viens comme un petit ver nu ?
Tu n'as ni drap, ni linge qui soit tien,
Or, ni argent, ni aucun bien terrien :
À père et mère apportes seulement
Peine et souci ; et voilà tout ton bien.
Petit enfant, tu viens bien pauvrement !

De ton honneur ne veuil plus estre chiche,
Petit enfant de grand bien puissant,
Tu viens au monde aussi grand, aussi riche,
Comme le roi, et aussi florissant.
Ton héritage est le ciel splendissant ;
Tes serviteurs sont les anges sans vice ;
Ton trésorier, c'est le Dieu tout puissant ;
Grâce divine est ta mère nourrice.

L'Alouette

Jacques Pelletier du Mans, 1517-1582

Oiseaux

Alors que la merveille aurore
Le bord de notre ciel colore
L'alouette, en ce même point,
De sa gentille voix honore
La faible lumière qui point.

Tant plus ce blanc matin éclaire
Plus d'elle la voix se fait claire ;
Et semble bien, qu'en s'efforçant,
D'un bruit vif elle veuille plaire
Au soleil qui se vient haussant.

Elle guindée de zéphire,
Sublime, en l'air vire et revire
Et déclique un joli cri
Qui rit, guérit et tire l'ire [1]
Des esprits, mieux que je n'écris.

1. Ôte la colère.

Soit que Junon son air essuie,
Ou bien qu'el' se charge de pluie,
En haut pourtant elle se tient.
Et de gringoter ne s'ennuie,
Fors quand le neigeux hiver vient.

Même n'a point la gorge close
Pour avoir sa nichée éclose ;
Et en ses chants si fort se plaît
Que vous diriez que d'autre chose
Ses alouetteaux elle ne paît.

En plein midi, parmi le vide
Fait défaillir l'œil qui la guide,
Puis tantôt comme un peloton,
Subit en terre se dévide,
Et pour un temps plus ne l'oit-on.

Heureux qui comme Ulysse...

Sonnet de Joachim du Bellay, 1522-1560

Oiseaux

Heureux qui, comme Ulysse, a fait un beau voyage,
Ou comme celui-là qui conquit la toison,
Et puis est retourné, plein d'usage et raison,
Vivre entre ses parents le reste de son âge !

Quand reverrai-je, hélas ! de mon petit village
Fumer la cheminée, et en quelle saison
Reverrai-je le clos de ma pauvre maison,
Qui m'est une province et beaucoup d'avantage ?

Plus me plaît le séjour qu'ont bâti mes aïeux,
Que des palais romains le front audacieux :
Plus que le marbre dur me plaît l'ardoise fine,

Plus mon Loire gaulois que le Tibre latin,
Plus mon petit Liré que le mont Palatin,
Et plus que l'air marin la douceur angevine.

Épitaphe d'un petit chien

Joachim du Bellay, 1522-1560

Animaux

Dessous cette motte verte
De lis et de roses couverte
Gît le petit Peloton,
De qui le poil foleton
Frisait d'une toison blanche
Le dos, le ventre et la hanche.
Son nez camard[1], ses gros yeux,
Qui n'étaient point chassieux[2],
Sa longue oreille velue
D'une soie crépelue,
Sa queue au petit floquet[3]
Semblant un petit bouquet,
Sa jambe grêle et sa patte
Plus mignarde[4] qu'une chatte
Avec ses petits chatons,
Ses quatre petits tétons,
Ses dentelettes d'ivoire,
Et la barbelette noire
De son musequin[5] friand[6],
Bref, tout son maintien riant
Des pieds jusques à la tête,
Digne d'une telle bête,
Méritaient qu'un chien si beau
Eût un plus riche tombeau.

1. Nez plat, épaté.
2. Larmoyants.
3. Touffe de poils.
4. Délicat.
5. Museau.
6. Gourmand.

Belaud[1] chasseur de rats et de souris

Joachim du Bellay, 1522-1560

Animaux

Belaud savait mille manières
De les surprendre en leurs tanières,
Et lors leur fallait bien trouver
Plus d'un pertuis[2] pour se sauver :
Car oncques[3] rat, tant fût-il vite,
Ne se vit sauver à la fuite
Devant Belaud. Au demeurant,
Belaud n'était pas ignorant :
Il savait bien, tant fut traitable,
Prendre la chair dessus la table,
J'entends, quand on lui présentait,
Car autrement il vous grattait,
Et avec la patte friande
De loin muguetait[4] la viande.
Belaud n'était point mal-plaisant,
Belaud n'était point mal-faisant,
Et ne fit onq plus grand dommage
Que de manger un vieux fromage,
Une linotte et un pinson,
Qui le fâchaient de leur chanson

1. C'est aussi le nom d'un poète, ami de Du Bellay.
2. Petit trou.
3. Jamais.
4. Guetter en flânant.

Mignonne, allons voir si la rose...

Pierre de Ronsard, 1524-1585

Temps – Corps – Sentiments

Mignonne, allons voir si la rose
Qui ce matin avait déclose
Sa robe de pourpre au Soleil,
A point perdu cette vesprée [1]
Les plis de sa robe pourprée,
Et son teint au vôtre pareil.

Las ! Voyez comme en peu d'espace,

Mignonne, elle a dessus la place,
Las ! las ! ses beautés laissé choir !
Ô vraiment marâtre Nature,
Puisqu'une telle fleur ne dure
Que du matin jusques au soir !

Donc, si vous me croyez, mignonne,
Tandis que votre âge fleuronne
En sa plus verte nouveauté,
Cueillez, cueillez votre jeunesse :
Comme à cette fleur, la vieillesse
Fera ternir votre beauté.

1. Ce soir.

Contre Denise, sorcière

Pierre de Ronsard, 1524-1585

Guerre, mort – Rêve et féerie

L'inimitié que je te porte,
Passe celle, tant elle est forte,
Des chameaux et des ours,
Vieille sorcière deshontée,
Que les bourreaux ont fouettée
Le long des carrefours. [...]

Tu sçais que vaut mixtionnée
La drogue qui nous est donnée
Des païs chaleureux,
Et en quel mois, en quelles heures,
Les fleurs des femmes sont meilleures
Au breuvage amoureux.

Nulle herbe soit elle aux montagnes,
Ou soit venimeuse aux campagnes,
Tes yeux sorciers ne fuit,
Que tu as mille fois coupée
D'une serpe d'airain courbée,
Beant contre la nuit.

Le soir, quand la Lune fouëtte
Ses chevaux par la nuict muette,
Pleine de rage, alors,
Voilant ton execrable teste
De la peau d'une estrange beste,
Tu t'eslances dehors.

Au seul souspir de ton haleine,
Les chiens effroyez par la plaine,
Aguisent leurs abois;
Les fleuves contremont reculent,
Les loups suivant ta trace hurlent
Ton ombre par les bois.

Hostesse des lieux solitaires,
Et par l'horreur des cimetaires
Où tu hantes le plus,
Au son des vers que tu murmures,
Les corps des morts tu des-emmures
De leurs tombeaux reclus.

Vestant de l'un l'image vaine
Tu fais trembler et cœur et veine
Rebarbotant un sort,

…/…

À la veufve qui se tourmente,
Ou à la mere qui lamente
Son seul heritier mort. [...]

Tu fais que la Lune enchantée
Marche par l'air toute argentée,
Luy dardant d'icy bas
Telle couleur aux jouës palles,
Que le son de mille cymbales
Ne divertiroit pas.

Tu es la frayeur du village :
Chacun craignant ton sorcelage
Te ferme sa maison,
Tremblant de peur que tu ne taches
Ses bœufs, ses moutons et ses vaches
Du jus de ta poison.

J'ay veu souvent ton œil senestre,
Trois fois regardant de loing paistre
La guide du troupeau,
L'ensorceler de telle sorte,
Que tost apres je la vy morte,
Et les vers sur la peau. [...]

Dieux ! si là haut pitié demeure,
Pour recompense qu'elle meure,
Et ses oz diffamez,
Privez d'honneur de sepulture,
Soient des corbeaux goulus pasture,
Et des chiens affamez.

Ô Fontaine Bellerie…

Ode de Pierre de Ronsard, 1524-1585

Éléments

Ô Fontaine Bellerie,
Belle fontaine chérie
De nos Nymphes, quand ton eau
Les cache au creux de ta source,
Fuyantes le satyreau,
Qui les pourchasse à la course
Jusqu'au bord de ton ruisseau,

Tu es la Nymphe éternelle
De ma terre paternelle :
Pource [1] en ce pré verdelet
Voy ton Poëte qui t'orne
D'un petit chevreau de lait,
À qui l'une et l'autre corne
Sortent du front nouvelet.

L'Esté je dors ou repose
Sus ton herbe, où je compose,
Caché sous tes saules vers,
Je ne sçay quoy, qui ta gloire
Envoira par l'univers,
Commandant à la Mémoire
Que tu vives par mes vers.

…

1. C'est pourquoi.

L'ardeur de la Canicule
Ton verd rivage ne brule
Tellement qu'en toutes pars
Ton ombre est espaisse et drüe
Aux pasteurs venans des parcs,
Aux bœufs las de la charruë,
Et au bestial espars.

Iô[2] ! tu seras sans cesse
Des fontaines la princesse,
Moi célébrant le conduit
Du rocher percé, qui darde
Avec un enroué bruit
L'eau de ta source jazarde
Qui trépillante se suit.

2. Prêtresse d'Héra aimée de Zeus, changée par lui en génisse.

Le Nuage ou l'Ivrogne

Pierre de Ronsard, 1524-1585

Humour - Rêve et féerie

[...] « Ha là là là là là là là !
Je vois deçà, je vois delà,
Je vois mille bêtes cornues,
Mille marmots[1] dedans les nues ;
De l'une sort un grand taureau,
Sur l'autre sautille un chevreau ;
L'une a les cornes d'un Satyre[2].

...

1. Singes.
2. Personnage de la mythologie, être humain aux pieds de bouc et aux cornes de chèvre.

…

Et du ventre de l'autre tire
Un crocodile mille tours.
Je vois des villes et des tours,
J'en vois de rouges, et de vertes,
Vois-les là, je les vois couvertes
De sucres et de pois confits.
J'en vois de morts, j'en vois de vifs[3]…
… Je vois tout le Ciel qui se fend
Et la terre qui se crevasse
Et le chaos qui les menace…
… Las ! ces nues de grêle pleines
Me prédisent que Jupiter
Se veut contre moi dépiter[4],
Bré bré bré bré, voici la foudre,
Craq craq craq, n'oyez-vous découdre
Le ventre d'un nuau[5]. J'ai vu,
J'ai vu, craq craq, j'ai vu le feu,
J'ai vu l'orage, et le Tonnerre
Tout mort me brise contre terre. »
À tant[6] cet ivrogne Thenot,
De peur qu'il eut, ne dit plus mot,
Pensant vraiment que la tempête
Lui avait foudroyé la tête. […]

3. Vivants.
4. Jupiter, le roi des dieux, se fâche contre moi.
5. N'entendez-vous pas craquer le ventre d'un nuage ?
6. Là-dessus.

M'éveillant au matin...

Pierre de Ronsard, 1524-1585

Nature

M'éveillant au matin, devant que[1] faire rien,
J'invoque l'Éternel, le père de tout bien,
Le priant humblement de me donner sa grâce,
Et que le jour naissant sans l'offenser se passe ;
Qu'il chasse toute secte[2] et toute erreur de moi,
Qu'il me veuille garder en ma première foi,
Sans entreprendre rien qui blesse ma province[3],
Très humble observateur des lois et de mon Prince.
Après je sors du lit, et, quand je suis vêtu,
Je me range[4] à l'étude et apprends la vertu,
Composant et lisant, suivant ma destinée,
Qui s'est dès mon enfance aux Muses enclinée ;
Quatre ou cinq heures seul je m'arrête enfermé ;
Puis, sentant mon esprit de trop lire assommé,
J'abandonne le livre, et m'en vais à l'église ;
Au retour, pour plaisir, une heure je devise,
De là je viens dîner, faisant sobre repas,
Je rends grâces à Dieu ; au reste je m'ébats.
    Car, si l'après-dînée est plaisante et sereine,
Je m'en vais promener, tantôt parmi la plaine,
Tantôt en un village, et tantôt en un bois,
Et tantôt par les lieux solitaires et cois[5] :
J'aime fort les jardins qui sentent le sauvage,
J'aime le flot de l'eau qui gazouille au rivage.

1. Avant de.
2. Hérésie.
3. Mon pays.
4. Je me mets.
5. Tranquilles, silencieux.

Là, devisant sur l'herbe avec un mien ami,
Je me suis par les fleurs bien souvent endormi
À l'ombrage d'un saule ; ou, lisant dans un livre,
J'ai cherché le moyen de me faire revivre,
Tout pur d'ambition et des soucis cuisants,
Misérables bourreaux d'un tas de médisants
Qui font, comme ravis[6], les prophètes en France,
Pipant[7] les grands seigneurs d'une belle apparence.
Mais quand le ciel est triste et tout noir d'épaisseur,
Et qu'il ne fait aux champs ni plaisant ni bien seur[8],
Je cherche compagnie, ou je joue à la prime[9],
Je voltige, ou je saute, ou je lutte, ou j'escrime,
Je dis le mot pour rire, et à la vérité,
Je ne loge chez moi trop de sévérité.
Puis, quand la nuit brunette a rangé les étoiles,
Encourtinant[10] le ciel et la terre de voiles,
Sans souci je me couche ; et là, levant les yeux
Et la bouche et le cœur vers la voûte des cieux,
Je fais mon oraison, priant la bonté haute
De vouloir pardonner doucement à ma faute

6. Transportés, inspirés.
7. Trompant.
8. Sûr.
9. Jeu de cartes.
10. Drapant (courtine : rideau de lit).

Le Bel Aubépin

Pierre de Ronsard, 1524 - 1585

Nature

Bel aubépin verdissant,
Fleurissant
Le long de ce beau rivage,
Tu es vêtu jusqu'au bas
Des longs bras
D'une lambrunche [1] sauvage.

1. Vigne sauvage.

Deux camps drillants[2] de fourmis
Se sont mis
En garnison sous ta souche ;
Et, dans ton tronc mi-mangé,
Arrangé
Les avettes[3] ont leur couche.

Le gentil rossignolet
Nouvelet,
Avecques sa bien-aimée,
Pour ses amours alléger,
Vient loger
Tous les ans en ta ramée,

Dans laquelle il fait son nid
Bien garni
De laine et de fine soie,
Où ses petits écloront,
Qui seront
De mes mains la douce proie.

Or vis, gentil aubépin,
Vis sans fin,
Vis sans que jamais tonnerre,
Ou la cognée, ou les vents,
Ou les temps
Te puissent ruer par terre.

2. Actifs et brillants.
3. Abeilles.

Contre les bûcherons de la forêt de Gastine

Pierre de Ronsard, 1524-1585

Nature

Écoute, bûcheron, arrête un peu le bras !
Ce ne sont pas des bois que tu jettes à bas ;
Ne vois-tu pas le sang, lequel dégoutte à force[1],
Des nymphes qui vivaient dessous la dure écorce ?
Sacrilège meurtrier, si on pend un voleur
Pour piller un butin de bien peu de valeur,
Combien de feux, de fers, de morts, et de détresses,
Mérites-tu, méchant, pour tuer nos déesses ?

Forêt, haute maison des oiseaux bocagers,
Plus le cerf solitaire et les chevreuils légers
Ne paîtront sous ton ombre, et ta verte crinière
Plus du soleil d'été ne rompra la lumière.
Plus l'amoureux pasteur, sur un tronc adossé,
Enflant son flageolet à quatre trous percé,
Son mâtin à ses pieds, à son flanc la houlette,
Ne dira plus l'ardeur de sa belle Jeannette.
Tout deviendra muet, Écho sera sans voix,
Tu deviendras campagne, et, en lieu de tes bois
Dont l'ombrage incertain lentement se remue,
Tu sentiras le soc, le coutre[2] et la charrue ;
Tu perdras ton silence, et, haletants d'effroi,
Ni Satyres ni Pans ne viendront plus chez toi. [...]

1. Abondamment.
2. Le couteau de la charrue.

Le Chat

Pierre de Ronsard, 1524 - 1585

Animaux

[...] Homme ne vit qui tant haysse au monde
Les chats que moy d'une haine profonde ;
Je hay leurs yeux, leur front et leur regard,
Et les voyant je m'enfuy d'autre part,
Tremblant de nerfs, de veines et de membre',
Et jamais chat n'entre dedans ma chambre,
Abhorrant ceux qui ne sçauroyent durer
Sans voir un chat aupres eux demeurer.

Et toutefois ceste hideuse beste
Se vint coucher tout aupres de ma teste,
Cherchant le mol d'un plumeux oreiller
Où je soulois[1] à gauche sommeiller ;
Car volontiers à gauche je sommeille
Jusqu'au matin que le coq me resveille.
Le chat cria d'un miauleux effroy ;
Je m'esveillay comme tout hors de moy,
Et en sursaut mes serviteurs j'appelle ;
L'un allumoit une ardante chandelle,
L'autre disoit qu'un bon signe c'estoit
Quand un chat blanc son maistre reflatoit[2] ;
L'autre disoit que le chat solitaire
Estoit la fin d'une longue misere.
Et lors, fronçant les plis de mon sourci,
La larme à l'œil, je leur respons ainsi :
Le chat devin miaulant signifie
Une fascheuse et longue maladie,
Et que long temps je gard'ray la maison,
Comme le chat, qui en toute saison
De son seigneur le logis n'abandonne,
Et soit printemps, soit esté, soit autonne,
Et soit hyver, soit de jour, soit de nuit,
Ferme s'arreste et jamais ne s'enfuit,
Faisant la ronde et la garde eternelle,
Comme un soldat qui fait la sentinelle,
Avec le chien et l'oye, dont la vois
Au Capitole annonça les Gaulois. [...]

1. Voulais.
2. Quand un chat blanc rejetait son maître.

La Grenouille

Pierre de Ronsard, 1524 - 1585

Animaux

À Rémy Belleau

Nous t'estimons une Déesse,
Gente Grenouille, qui sans cesse
Au fonds des ruisselets herbeux
Te desalteres quand tu veux,
Et jamais la soif vehemente
Qui l'esté les gorges tourmente
Du pauvre peuple et des grands Rois,
Ne te tourmente ; car tu bois
(Hé Dieu ! que je porte d'envie
Aux felicitez de ta vie !)
À gorge ouverte sous les eaux
Comme la Royne des ruisseaux.
Quand tu es sur la rive herbue
Aux rais du Soleil estendue,
Que tu es aise, si un beuf
Passe par là mourant de seuf ;
Tu enfles contre la grand' beste
Si fort les veines de la teste,
Et coaces d'un si haut bruit,
Que de crainte le beuf s'enfuit,
Toy demeurant, sur l'herbe espesse,
Des ondes la seule maistresse.
En ton royaume le Serpent
Te combat, mais il se repent
Tout sus l'heure de t'avoir prise,

Car tu luy tiens la teste mise
Si long temps au fond du ruisseau,
Que tu l'estouffes dessous l'eau.
Le Laboureur à ta venuë,
Joyeux de ton chant, te salüe
Comme profete du Printemps ;
Ores tu predis le beau temps,
Ore la pluye, ore l'orage ;
Jamais ta bouche n'endommage
Ny herbe, ny plante, ny fruit,
Ny rien que la terre ait produit.

Tu vaus trop plus en medecine
Qu'herbe, qu'onguent, ny que racine,
Et ton fiel en quelque saison
Donne au malade guarison ;
Tu vaus contre le mal d'Hercule,
Ton gosier les venins recule
De ceux qu'empoisonner on veut ;
Ta langue charmeresse peut
Faire conter à la pucelle
Les propos que veut sçavoir d'elle
Le jeune amant qui la poursuit,
La luy pendant au col de nuit.
Bref, que diray-je plus ? ta vie
N'est comme la nostre asservie
À la langueur du temps malin ;
Car bien-tost en l'eau tu prens fin,
Et nous trainons noz destinées
Quelquefois quatre vingts années,
Et cent années quelquefois,

Et tu ne dures que six mois,
Franche du temps et de la peine
À laquelle la gent humaine
Est endettée dés le jour
Qu'elle entre en ce commun sejour.
Mais le don de ne vivre guiere,
Tu le dois à la singuliere
Bonté du Ciel, qui ne fait pas
Tels dons à tous ceux d'icy bas.

Pour le retour du soleil

Sonnet de Louise Labé, v. 1526 - 1565

Éléments

Pour le retour du soleil honorer,
Le Zéphir l'air serein lui appareille,
Et du sommeil l'eau et la terre éveille,
Qui les gardait, l'une de murmurer

En doux coulant, l'autre de se parer
De mainte fleur de couleur non pareille.
Jà 1 les oiseaux es arbres font merveille
Et aux passants font l'ennui modérer.

Les nymphes jà en mille jeux s'ébattent
Au clair de lune, et, dansant, l'herbe abattent :
Veux-tu, Zéphir, de ton heur me donner,

Et que par toi toute me renouvelle ?
Fais mon Soleil devers moi retourner,
Et tu verras s'il ne me rend plus belle.

Avril

Rémi Belleau, 1528-1577

Temps, saisons

Avril, l'honneur et des bois
Et des mois,
Avril, la douce espérance
Des fruits qui, sous le coton
Du bouton,
Nourrissent leur jeune enfance ;

Avril, l'honneur des prés verts,
Jaunes, pers [1],
Qui, d'une humeur bigarrée,
Émaillent de mille fleurs
De couleurs
Leur parure diaprée ;

Avril, l'honneur des soupirs
Des zéphyrs,
Qui, sous le vent de leur aile,
Dressent encor, ès forêts,
Des doux rêts
Pour ravir Flore la belle ;

Avril, c'est ta douce main
Qui, du sein
De la nature, desserre
Une moisson de senteurs
Et de fleurs,

1. Bleus.

Embaumant l'air et la terre.
Avril, l'honneur verdissant,
Florissant
Sur les tresses blondelettes,
De ma dame, et de son sein
Toujours plein
De mille et mille fleurettes ;

Avril, la grâce et le ris
De Cypris,
Le flair et la douce haleine ;
Avril, le parfum des dieux
Qui des cieux
Sentent l'odeur de la plaine.

C'est toi courtois et gentil
Qui d'exil
Retires ces passagères,
Ces arondelles qui vont
Et qui sont
Du printemps les messagères.

L'aubépine et l'églantin,
Et le thym,
L'œillet, le lis et les roses,
En cette belle saison,
À foison,
Montrent leurs robes écloses.

Le gentil rossignolet,
Doucelet,

Découpe dessous l'ombrage
Mille fredons babillard,
        Frétillards
Au doux chant de son ramage.
C'est à ton heureux retour
        Que l'amour
Souffle à doucettes haleines
Un feu croupi et couvert
        Que l'hiver
Recélait dedans nos veines.

Tu vois en ce temps nouveau
        L'essaim beau
De ces pillardes avettes[2]
Voleter de fleur en fleur
        Pour l'odeur
Qu'ils mussent en leurs cuissettes.

Mai vantera ses fraîcheurs,
        Ses fruits meurs[3]
Et sa féconde rosée,
La manne et le sucre doux,
        Le miel roux,
Dont sa grâce est arrosée.

Mais moi je donne ma voix
        À ce mois,
Qui prend le surnom de celle
Qui de l'écumeuse mer
        Vit germer
Sa naissance maternelle.

2. Abeilles.
3. Mûrs.

Gordes, que ferons-nous ?...

Sonnet d'Olivier de Magny, 1529 - 1561

Guerre, mort

Gordes, que ferons-nous ? Aurons-nous point la paix ?
Aurons-nous point la paix quelquefois sur la terre ?
Sur la terre aurons-nous si longuement la guerre,
La guerre qui au peuple est un si pesant faix ?

Je ne vois que soudards, que chevaux et harnois,
Je n'ois que deviser d'entreprendre et conquerre,
Je n'ois plus que clairons, que tumulte et tonnerre
Et rien que rage et sang je n'entends et ne vois.

Les princes aujourd'hui se jouent de nos vies,
Et quand elles nous sont après les biens ravies
Ils n'ont pouvoir ni soin de nous les retourner.

Malheureux sommes-nous de vivre en un tel âge,
Qui nous laissons ainsi de maux environner,
La coulpe vient d'autrui, mais nôtre est le dommage.

La Chauve-Souris

Jean-Antoine de Baïf, 1532 - 1589

Animaux

Une chauve-souris chut [1] en terre.
La belette entre ses dents la serre,
Qui ne pardonne à nul oiseau :
Oiseau je ne suis, ce dit-elle,
Souris je suis. Se disant telle,
Elle se sauve bien et beau.

Une autre fois rechut en terre.
Le chat-huant, qui fait la guerre
Aux souris, la chauve-souris prend.
Souris je ne suis, ce dit-elle,
Mais oiseau. Par telle cautelle [2]
Le chat-huant sauve la rend.

La tierce fois, rechut en terre.
Le chat la prend, qui fait la guerre
Autant aux oiseaux qu'aux souris.
La chauve-souris n'a plus d'excuse,
Qui perd sa finesse et sa ruse
Entre les pattes du chat gris..

1. Tomba.
2. Ruse.

Elégie sur la mort d'une linote

Jean Passerat, 1534-1602

Oiseaux

Le cœur me disoit bien que Fortune cruelle
Nous devoit envoyer quelque triste nouvelle.
Helas en voicy une ! On dit qu'à ce matin
Nostre Linote est morte : ô injuste destin,
Sans raison et sans yeux ! la mort si tost n'espie
Le Corbeau mal-palisant, l'injurieuse Pie ;
Le Hibou solitaire, augure de malheur,
Ny les Aigles tyrans, ny le Milan voleur
Des poussins innocens suivans leur Gelinote,

Que l'esprit amoureux d'une douce Linote,
Telle que fust la nostre, en qui les cieux amis
Pour l'oreille flater leur musique avoyent mis.

Un entendement d'homme estoit en cette beste
À remarquer les gens, à leur faire la feste
Sautelant et sifflant, et lors qu'on la traitoit
S'approchoit de la main, et les doigts bequetoit :
C'estoient ses grands mercis : puis en l'an remontée
Disoit quelque chanson non encore chantée.
La petite mignarde à peine avoit loisir
De boire et de manger pour nous donner plaisir.
Mesme au plus grand hyver que par le vent de Bize
Estoit toute son eau et sa mangeaille prise,
S'eschaufoit à chanter. Je l'ay veu mille fois
De son seigneur aimé recongnoissant la voix,
Et tirant en sursaut son bec de dessous l'aile,
Ainsi comme de jour respondre à la chandelle.
Toutefois elle est morte...

Adieu donques Linote, adieu gentil oiseau :
Je m'en vais en pleurant te dresser un tombeau
Sous ces jeunes lauriers, car tu merites bien d'estre
Et vive et morte, auprès de ce qu'aime ton maistre.

Douce Liberté...

Philippe Desportes, 1546 - 1606

Souvenirs

Douce Liberté désirée,
Déesse, où t'es-tu retirée,
Me laissant en captivité ?
Hélas ! de moi ne te détourne !
Retourne, ô Liberté ! retourne,
Retourne, ô douce Liberté.

Ton départ m'a trop fait connaître
Le bonheur où je soulais [1] être,
Quand, douce, tu m'allais guidant :
Et que, sans languir davantage,
Je devais, si j'eusse été sage,
Perdre la vie en te perdant.

...

1. Voulais.

Depuis que tu t'es éloignée,
Ma pauvre âme est accompagnée
De mille épineuses douleurs :
Un feu s'est épris en mes veines,
Et mes yeux, changés en fontaines,
Versent du sang au lieu de pleurs.

Un soin, caché dans mon courage,
Se lit sur mon triste visage,
Mon teint plus pâle est devenu :
Je suis courbé comme une souche,
Et, sans que j'ose ouvrir la bouche,
Je meurs d'un supplice inconnu.

Le repos, les jeux, la liesse,
Le peu de soin d'une jeunesse,
Et tous les plaisirs m'ont laissé...

Pleurez avec moi tendres fleurs...

Stance d'Agrippa d'Aubigné, 1552 - 1630

Sentiments

Pleurez avec moi tendres fleurs,
Aportez, ormeaux, les rosees
De vos mignardes espousees,
Meslez vos pleurs avec les pleurs
De moy desolé qui ne puis
Pleurer autant que j'ay d'ennuis !

Pleurez aussi, aube du jour :
Belle Aurore, je vous convie
A mesler une doulce pluye
Parmi les pleurs de mon amour,
D'un amour pour qui je ne puis
Trouver tant de pleurs que d'ennuis !

Cignes mourans, à ceste foys [1]
Quittez la Touvre Engoumoisine [2]
Et meslez la plainte divine
Et l'aer de vos divines voys,
Avec moy chetif qui ne puis
Pleurer autant que j'ay d'ennuis !

...

1. Cygnes mourants à présent.
2. Rivière près d'Angoulême.

Oiseaux qui languissez marris,
Et vous, Tourterelles fachees,
Ne comptez aux branches sechees
Le veuvage de vos maris
Et pleurez pour moy qui ne puis
Pleurer autant que j'ay d'ennuis !

Pleurez, ô rochers, mes douleurs
De vos argentines fonteines
Pour moy qui souffre plus de peines
Que je ne puis trouver de pleurs,
Pour moy douloureux qui ne puis
Pleurer autant que j'ay d'ennuis !

Chanson à grand vent

Anonyme

Travail

Le pauvre laboureur
Il a bien du malheur ;
Du jour de sa naissance
L'est déjà malheureux.
Qu'il pleuve, qu'il tonne, qu'il vente,
Qu'il fasse mauvais temps,
L'on voit toujours, sans cesse,
Le laboureur aux champs.

Le pauvre laboureur
Il n'est qu'un partisan[1] ;
Il est vêtu de toile
Comme un moulin à vent ;
Il met des arselettes[2],
C'est l'état de son métier,
Pour empêcher la terre
D'entrer dans ses souliers.

Le pauvre laboureur
A de petits enfants ;
Les envoie à la charrue
À l'âge de quinze ans.

1. Attaché à quelqu'un.
2. Sortes de guêtres.

Il a perdu sa femme
À l'âge de trente ans ;
Elle le laisse tout seul
Avecque ses enfants.

Le pauvre laboureur
Il est toujours content ;
Quand l'est à la charrue,
Il est toujours chantant.
Il n'est ni roi, ni prince,
Ni duc, ni seigneur
Qui ne vive de la peine
Du pauvre laboureur.

Poèmes du 16e siècle

Ditz des oyseaulx...

Fatrasies, menteries et autres fantaisies d'un anonyme

Animaux – Oiseaux

... comme pasteurs gardans leurs brebis les oyent chanter et parler.

L'Aigle

De tous oyseaulx je suys le roy ;
Voler je puis en si hault lieu
Que le soleil de pres je voy.
Benoitz sont ceulx qui verront Dieu.

L'Estourneau

Point ne vays en Normandie
Pour ce qu'il n'y croist nuls raisins.
Rien n'est si bon, quoi qu'on dise,
Que d'estre pres de bons voisins.

L'Oye

J'ayme mon maistre et ma maistresse,
Sur ma plume dormant en lict ;
Apres auront ma chair et gresse,
Ce leur sera tres grand proffict.

La Coulombe

Or devant tous les oyseaulx fus je
Moult simple et de belle maniere
Quant durant le temps du deluge
Je fus leur bonne messagiere.

Le Paon

Quant je voy ma belle figure,
Orgueilleux suis, haultain et fier ;
Mais telle beaulté peu me dure
On ne doit nully despriser.

L'Alouette

Quant le temps si est pluvieux
Et qu'il se veult tourner en chault,
Ung chant je chante gracieux
Et remercy le roy d'enhaut.

La Poulle

Toujours je suis embesognee
Pour le proffit de la maison ;
Des œufs je fays maintz en l'annee
Et des pouletz en la saison.

L'Arondelle

Mes petits je gueris des yeulx,
Et les fays veoir bien clerement ;
Qui vouldra veoir le roi des cieulx,
Luy convient vivre loyaulment.

Ditz des animaux

Fatrasies, menteries et autres fantaisies d'un anonyme

Animaux – Oiseaux

Le Lièvre

Courir me font souvent les chiens
Car a manger suis savoureux :
Tant plus amasse l'on grans biens,
Tant plus engendre d'envieulx.

Le Regnard

Je suis subtil, plain de malice
Pour toutes bestes decepvoir ;
Au corbin je fais la police.
Chascun ne peult pas tout scavoir.

Le Mulet

Je suis pour tracasser habille,
Et pour trahir enfin mon maistre ;
Garde soy du pied qui m'estrille ;
Qui a trompé trompé doit estre.

Le Veau

Je suis le droit filz de la vache,
Des bestes le plus fortuné ;
Car il convient que l'on m'attache
Incontinent que je suis né.

Le Porc

Quant je mange et quant tranglouty
Par gloutonnie ma substance,
A la fange suis endormy ;
Car de la pance vient la dance.

Poèmes

des 17e et 18e siècles

Que j'aime ces forêts...

Sonnet de François Maynard, 1582 - 1646

Nature - Sentiments

Que j'aime ces forêts ! que j'y vis doucement !
Qu'en un siècle troublé j'y dors en assurance !
Qu'au déclin de mes ans j'y rêve heureusement !
Et que j'y fais des vers qui plairont à la France !

Depuis que le village est toutes mes amours,
Je remplis mon papier de tant de belles choses,
Qu'on verra les savants après mes derniers jours,
Honorer mon tombeau de larmes et de roses.

Ils diront qu'Apollon m'a souvent visité,
Et que, pour ce désert, les Muses ont quitté
Les fleurs de leur montagne, et l'argent de leur onde.

Ils diront qu'éloigné de la pompe des rois,
Je voulus me cacher sous l'ombrage des bois
Pour montrer mon esprit à tous les yeux du monde.

La Belle Vieille

François Maynard, 1582 - 1646

Sentiments

Cloris, que dans mon cœur j'ai si longtemps servie
Et que ma passion montre à tout l'Univers,
Ne veux-tu pas changer le destin de ma vie,
Et donner de beaux jours à mes derniers hivers !

N'oppose plus ton deuil au bonheur où j'aspire,
Ton Visage est-il fait pour demeurer voilé ?
Sors de ta nuit funèbre, et permets que j'admire
Les divines clartés des Yeux qui m'ont brûlé. [...]

Ce n'est pas d'aujourd'hui que je suis ta Conquête :
Huit Lustres ont suivi le jour que tu me pris ;
Et j'ai fidèlement aimé ta belle tête
Sous des cheveux châtains, et sous des cheveux gris.

C'est de tes jeunes yeux que mon ardeur est née ;
C'est de leurs premiers traits que je fus abattu :
Mais, tant que tu brûlas du flambeau d'Hyménée [1],
Mon Amour se cacha pour plaire à ta Vertu. [...]

La Beauté, qui te suit depuis ton premier âge,
Au déclin de tes jours ne veut pas te laisser ;
Et le temps, orgueilleux d'avoir fait ton Visage,
En conserve l'éclat, et craint de l'effacer.
Regarde sans frayeur la fin de toutes choses.
Consulte le Miroir avec des yeux contents.

1. Tant que tu aimas ton mari.

On ne voit point tomber ni tes lys, ni tes roses ;
Et l'hiver de ta vie est ton second printemps.

Pour moi, je cède aux ans ; et ma tête chenue
M'apprend qu'il faut quitter les hommes et le jour.
Mon sang se refroidit. Ma force diminue ;
Et je serais sans feu, si j'étais sans Amour. [...]

Contre l'hiver

Théophile de Viau, 1590 - 1626

Temps, saisons

Plein de colère et de raison,
Contre toi barbare saison,
Je prépare une rude guerre ;
Malgré les lois de l'univers,
Qui de la glace des hivers
Chassent les flammes du tonnerre,
Aujourd'hui l'ire de mes vers
Des foudres contre toi desserre.

Je veux que la postérité
Au rapport de la vérité
Juge ton crime par ma haine.
Les dieux qui savent mon malheur,
Connaissent qu'il y va du leur,
Et, d'une passion humaine
Participant à ma douleur,
Promettent d'alléger ma peine.

Cerès ne voit point sans fureur
Les misères du laboureur,
Que ta froidure a fait résoudre
À brûler même les forêts ;
Les champs ne sont que des marais
L'été n'espère plus de moudre
Le revenu de ses guérets,
Car il n'y trouvera que poudre.
Tous nos arbres sont dépouillés,
Nos promenoirs sont tous mouillés,
L'émail de notre beau parterre
A perdu ses vives couleurs ;
La gelée a tué les fleurs ;
L'air est malade d'un caterre[1],
Et l'œil du ciel, noyé de pleurs,
Ne sait plus regarder la terre.

La nacelle, attendant le flux
Des ondes qui ne courent plus,
Oisive au port est retenue ;
La tortue et les limaçons
Traînent leurs pas par les glaçons ;

1. L'air est devenu agité et fou.

L'oiseau sur une branche nue,
Attend, pour dire ses chansons,
Que la feuille soit revenue.

Le héron, quand il veut pêcher,
Trouvant l'eau toute de rocher,
Se paît du vent et de sa plume ;
Il se cache dans les roseaux,
Et contemple au bord des ruisseaux.
La bise, contre sa coutume,
Souffle la neige sur les eaux
Où bouillait autrefois l'écume.

Les poissons dorment assurés
D'un mur de glace remparé,
Francs de tous les dangers du monde,
Fors que de toi tant seulement,
Qui restreint leur moite élément,
Jusqu'à la goutte plus profonde.
Et les laisse sans mouvement
Enchâssés en l'argent de l'onde. /…/

Un corbeau devant moi croasse…

Théophile de Viau, 1590 - 1626

Rêve et féerie

Un corbeau devant moi croasse ;
Une ombre offusque[1] mes regards ;
Deux belettes et deux renards
Traversent l'endroit où je passe ;
Les pieds faillent[2] à mon cheval,
Mon laquais tombe du haut mal[3] ;
J'entends craqueter le tonnerre ;
Un esprit se présente à moi ;
J'ois Charon[4] qui m'appelle à soi,
Je vois le centre de la terre.

Ce ruisseau remonte en sa source ;
Un bœuf gravit sur un clocher ;
Le sang coule de ce rocher ;
Un aspic s'accouple d'une ourse ;
Sur le haut d'une vieille tour
Un serpent déchire un vautour ;
Le feu brûle dedans la glace ;
Le soleil est devenu noir ;
Je vois la Lune qui va choir ;
Cet arbre est sorti de sa place.

1. M'empêche de voir.
2. Manquent, se dérobent.
3. L'épilepsie.
4. J'entends Charon : c'est Charon qui, sur son bateau, prend les morts pour leur faire traverser l'Achéron, fleuve des Enfers, dans la mythologie grecque et latine.

L'Hiver de Paris

Ode de Boisrobert, 1592 - 1662

Temps, saisons

À M. d'Avaux, maître des requêtes.

D'Avaux, qui me vois tout transi,
Trouves-tu pas ce froid ici
Plus grand que celui de décembre,
Et qu'il fait meilleur dans ta chambre,
Le dos tourné devers le feu
Passer le temps à quelque jeu,
Rire et se provoquer à boire,
Que pour aller chercher la foire,
Passer, comme je fais souvent,
Sur le Pont-Neuf, le nez au vent ?
L'air qu'on y respire est de glace :
On n'y peut marcher sans grimace,
Le manteau tout autour du cou,
Le nez caché, comme un filou
Qui guette, quand les jours sont troubles,
La laine au bout du Pont-aux-Doubles,
Les doigts dans les ongles gênés,
Et la roupie au bout du nez.
Cette froidure est bien étrange
Qui fait des roches de la fange,
Qui fend les massifs fondements
Des plus assurés bâtiments,
Et se raidit contre la Seine
Qui ne va plus qu'avecques peine ;

Tout se ressent de son effort,
Les bateaux sont cloués au port ;
La Samaritaine [1] enrhumée
N'a plus sa voix accoutumée ;
Sa cruche, sèche jusqu'au fond,
Ne verse plus d'eau sur le pont ;
Les moulins, sans changer de place,
Demeurent oisifs sur la glace,
Les crocheteurs demi-troublés
Rappellent à coups redoublés
Toutes leurs chaleurs naturelles,
Frappant des bras sous les aisselles ;

Les misérables porteurs d'eau
Tremblant en l'attente du seau,
Qui se remplit dans la fontaine,
Chauffent leurs mains à leur haleine ;
Les plus pénibles artisans
Partout chagrins et déplaisants,
Demeurent, avec leurs pratiques,
Les bras croisés dans les boutiques ;

1. Nom d'une pompe hydraulique installée au niveau du Pont-Neuf à Paris

Les pauvres, gelés et transis,
Contre la terre mal assis,
Aux lieux publics, d'une voix lente
Et d'une main sèche et tremblante,
Demandent l'aumône aux passants,
Mais le froid leur glace les sens [...]
Ceux que la pauvreté dispense
De se porter à la dépense,
De bonne heure se vont coucher
Parce que le bois est trop cher.
On voit la bourgeoise proprette
Avec sa petite soubrette
Qui trottent comme des souris
Dessus le pavé de Paris.
Les carrefours sont sans tripières,
Les sergents quittent leurs barrières,
Les femmes qui vendent du fruit
Au marché ne font plus de bruit.
Tout divertissement nous manque :
Tabarin[2] ne va plus en banque ;
L'Hôtel de Bourgogne[3] est désert,
Chacun se tient clos et couvert :
Et moi, d'Avaux, j'en fais de même,
Car j'ai le visage si blême
Du froid que je viens d'endurer,
Que je suis contraint d'en pleurer,
Et bien que je sois à mon aise
Auprès de toi, devant la braise,
Pour te conter ces accidents,
J'ai peine à desserrer les dents.

2. Célèbre charlatan de l'époque.
3. Théatre

La Pluie

Saint-Amant, 1594 - 1661

Temps, saisons

Enfin la haute Providence
Qui gouverne à son gré le temps,
Travaillant à notre abondance,
Rendra les Laboureurs contents :
Sus, que tout le monde s'enfuie,
Je vois de loin venir la pluie,
Le Ciel est noir de bout en bout ;
Et ses influences bénignes
Vont tant verser d'eau sur les Vignes,
Que nous n'en boirons point du tout.

L'ardeur grillait toutes les herbes,
Et tel les voyait consumer
Qui n'eut pas cru tirer des gerbes
Assez de grain pour en semer :
Bref la terre en cette contrée,
D'une béante soif outrée,
N'avait souffert rien de pareil
Depuis qu'une audace trop vaine
Porta le beau fils de Climène
Sur le Brillant Char du Soleil.

Mais les Dieux mettant bas les armes
Que leur font prendre nos péchés,
Veulent témoigner par des larmes
Que les nôtres les ont touchés :

Déjà l'humide iris étale
Son beau demi-cercle d'opale
Dedans le vague champ de l'Air ;
Et pressant mainte épaisse nue,
Fait obscurcir à sa venue
Le temps qui se montrait si clair.

Ces pauvres sources épuisées
Qui ne coulaient plus qu'en langueur,
En tressaillent comme fusées
D'une incomparable vigueur ;
Je pense à les voir si hautaines
Que les eaux de mille fontaines
Ont ramassé dedans ces lieux,
Ce qui leur restait de puissance
Pour aller par reconnaissance
Au-devant de celles des Cieux.

Payen [1], sauvons-nous dans ta salle,
Voilà le nuage crevé ;
Ô comme à grands flots il dévale,
Déjà tout en est abreuvé ;
Mon Dieu ! quel plaisir incroyable !
Que l'eau fait un bruit agréable
Tombant sur ces feuillages verts !
Et que je charmerais l'oreille,
Si cette douceur non pareille
Se pouvait trouver en mes vers. [...]

1. Ami de Saint-Amant, chez qui il séjourna.

Le Paresseux

Sonnet de Saint-Amant, 1594 - 1661

Travail

Accablé de paresse et de mélancolie,
Je rêve dans un lit où je suis fagoté
Comme un lièvre sans os qui dort dans un pâté,
Ou comme un Don Quichotte en sa morne folie.

Là, sans me soucier des guerres d'Italie,
Du comte Palatin, ni de sa royauté,
Je consacre un bel hymne à cette oisiveté
Où mon âme en langueur est comme ensevelie.

Je trouve ce plaisir si doux et si charmant,
Que je crois que les biens me viendront en dormant,
Puisque je vois déjà s'en enfler ma bedaine,

Et hais tant le travail que, les yeux entrouverts,
Une main hors des draps, cher Baudoin[1], à peine
Ai-je pu me résoudre à t'écrire ces vers.

1. Poète, ami de Saint-Amant.

Pour le temps de Noël

Stance de Jean Desmarets de Saint-Sorlin, 1595 - 1676

Noël

Voici donc le temps désirable
Où des Cieux la grâce admirable
Nous fait naître un soleil au milieu de la nuit.
Ô nuit, quel heur et quelle gloire !
Le jour te cède la victoire,
Puisque pour ton flambeau le fils de Dieu te luit.

Adorons cet astre admirable,
Aux pécheurs même favorable,
Qui sortant d'un beau sein donne et reçoit le jour.
Heureux sein d'une Vierge pure,
Qui contre l'ordre de nature
A pu si chastement porter les fruits d'amour.

Dans le temps des rudes tempêtes,
Sous un toit le séjour des bêtes,
Sans secours et sans feu naît le maître des rois ;
Et s'accoutumant à la peine,
Des vents souffre la froide haleine,
Et dedans le berceau porte déjà sa croix.

Cependant la Vierge divine
Sur son fils humblement s'incline,
Adorant ce grand roi dans un si pauvre lieu.
Un doux et saint transport l'anime :

Mais son humilité réprime
Le plaisir glorieux d'avoir produit un Dieu.

Saint enfant d'une sainte mère,
Qui prends part à notre misère,
Voulant nous donner part aux délices des cieux
Fais-nous renaître à ta naissance,
Et donne la paix à la France
Comme tu la donnas venant en ces bas lieux

La Comédie des fleurs

Tristan l'Hermite, v. 1601 - 1655

Nature - Rêve et féerie

Puisqu'il vous plaît que je vous die
Le sujet de la comédie
Que je médite pour vos sœurs,
Les images m'en sont présentes :
Les personnages sont des fleurs,
Et vous êtes des fleurs naissantes.

Un Lis reconnu pour un prince,
Arrive dans une province ;
Mais, comme un prince de son sang,
Il est beau sur toute autre chose ;
Et vient, vêtu de satin blanc,
Pour faire l'amour à la Rose.

Pour dire quelle est sa noblesse
À cette charmante maîtresse
Qui s'habille de vermillon,
Le Lis, avec des présents d'ambre,
Délègue un jeune papillon,
Son gentilhomme de la chambre.

Ensuite le prince s'avance
Pour lui faire la révérence.
Ils se troublent à leur aspect ;
Le sang leur descend et leur monte :
L'un pâlit de trop de respect,
L'autre rougit d'honnête honte.
Mais cette infante de mérite,
Dès cette première visite,
Lui lance des regards trop doux.
Le Souci, qui brûle pour elle
En même temps en est jaloux ;
Ce qui fait naître une querelle.

On arme pour les deux cabales ;
On n'entend plus rien que timbales,
Que trompettes et que clairons :
Car, avec tambour et trompette,
Les bourdons et les moucherons
Sonnent la charge et la retraite.

Enfin, le Lis a la victoire ;
Il revient, couronné de gloire,
Attirant sur lui tous les yeux.
…/…

La Rose, qui s'en pâme d'aise,
Embrasse le victorieux,
Et le victorieux la baise.

De cette agréable entrevue,
L'Absinthe fait, avec la Rue,
Un discours de mauvaise odeur :
Et la jeune Épine-vinette,
Qui prend parti pour la pudeur,
Y montre son humeur aigrette.

D'autre côté madame Ortie,
Qui veut être de la partie
Avec son cousin le Chardon,
Vient citer une médisance,
D'une jeune fleur de Melon,
À qui l'on voit enfler la panse.
Mais la Rose enfin la fait taire
Par un secret bien salutaire,
Approuvé de tout l'univers.
Et, dissipant tout cet ombrage,
La Buglose met les couverts
Pour le festin du mariage.

Tout contribue à cette fête.
Sur le soir, un ballet s'apprête
Où l'on oit des airs plus qu'humains :
On y danse, on s'y met à rire ;
Le Pavot vient, on se retire.
Bonsoir, je vous baise les mains.

Épître à Monsieur Sarasin

Paul Scarron, 1610 - 1660

Humour - Corps

Sarasin,
Mon voisin,
Cher ami ;
Qu'à demi
Je ne voi,
Dont, ma foi,
J'ai dépit
Un petit,
N'es-tu pas
Barabas,
Ganelon,
Busiris,
Phalaris
Le félon,
De savoir
Mon manoir
Peu distant
Et pourtant
De ne pas,
De ton pas
Ou de ceux
De tes deux
Chevaux gris
Mal nourris,
Y venir,
Réjouir
Par tes dits
Ébaudits
Un pauvret
Maigrelet
Au col tors,
Dont le corps
Tout tordu,
Tout bossu,
Suranné,
Décharné
Est réduit
Jour et nuit
À souffrir
Sans guérir
Des tourments
Véhéments ?
Si Dieu veut,
Qui tout peut,
Dès demain
Mal Saint-Méen
Sur ta peau
Bien et beau
...

...

S'étendra
Et fera
Tout ton cuir
Convertir
En farcin.

Or, mal sain,
Et pourri,
Bien marri
Tu seras
Et verras
Si j'ai tort
D'être fort
En émoi
Contre toi.
Mais pourtant
Repentant
Si tu viens
Et te tiens
Un moment
Seulement
Avec nous,
Mon courroux
Finira
Et cætera.

Sur Paris

Sonnet de Paul Scarron, 1610 - 1660

Enfance, souvenirs

Un amas confus de maisons,
Des crottes dans toutes les rues,
Ponts, églises, palais, prisons,
Boutiques bien ou mal pourvues;

Force gens noirs, blancs, roux, grisons,
Des prudes, des filles perdues,
Des meurtres et des trahisons,
Des gens de plume aux mains crochues;

Maint poudré qui n'a point d'argent,
Maint homme qui craint le sergent,
Maint fanfaron qui toujours tremble,

Pages, laquais, voleurs de nuit,
Carrosses, chevaux, et grand bruit,
C'est là Paris. Que vous en semble?

Passer quelques heures à lire...

Sonnet de Saint-Évremond, v. 1615 - 1703

Sentiments

À Mademoiselle de Lenclos

Passer quelques heures à lire
Est mon plus doux amusement ;
Je me fais un plaisir d'écrire,
Et non pas un attachement.

Je perds le goût de la satire :
L'art de louer malignement
Cède au secret de pouvoir dire
Des vérités obligeamment.

Je suis éloigné de la France,
Sans besoin et sans abondance,
Content d'un vulgaire destin.

J'aime la vertu sans rudesse,
J'aime le plaisir sans mollesse,
J'aime la vie et n'en crains pas la fin.

Le Coq et le Diamant

Fable de Isaac de Benserade, 1613 - 1691

Oiseaux

Le coq sur un fumier grattait, lorsqu'à ses yeux
Parut un diamant : « Hélas ! dit-il, qu'en faire ?
Moi qui ne suis pas lapidaire
Un grain d'orge me convient mieux. »

Les Lièvres et le Vent

Fable de Isaac de Benserade, 1613 - 1691

Animaux

Le vent faisait du bruit dans une forêt noire ;
Les lièvres eurent peur, nul ne les poursuivant.
« Je crois, dit l'un d'entre eux, que ce n'est que le vent,
Mais nous aurons toujours de la peine à le croire. »

La Mouche

Fable de Isaac de Benserade, 1613 - 1691

Insectes

Un chariot tiré par six chevaux fougueux
Roulait sur un chemin aride et sablonneux.
Une mouche était là présomptueuse et fière
Qui dit en bourdonnant : « Que je fais de poussière ! »

L'Homme et l'Oie

Fable de Isaac de Benserade, 1613 - 1691

Oiseaux

Un homme avait une oie et c'était son trésor,
Car elle lui pondait tous les jours un œuf d'or.
La croyant pleine d'œufs, le fou s'impatiente,
La tue, et, d'un seul coup, perd le fonds et la rente.

Sur un nez cramoisi

Georges de Brébeuf, 1618 - 1661

Humour - Sentiments

Toi qui veux railler sottement
De ce nez de couleur de roses,
Tu seras berné hautement,
Si tu ne juges mieux des choses :
Crois-tu que ce beau coloris,
Qui t'est un sujet de mépris,
N'ait coûté que peu de journées ?
Non, non, cet ouvrage divin
Est l'ouvrage de vingt années
Et de quatre cents muids[1] de vin.

1. Unité de mesure

Quatrain fait à l'âge de plus de 80 ans

François de Maucroix, 1619-1708

Temps

Chaque jour est un bien que du ciel je reçois,
Je jouis aujourd'hui de celui qu'il me donne,
Il n'appartient pas plus aux jeunes gens qu'à moi,
Et celui de demain n'appartient à personne.

D'un buffle

Fable de Antoine Furetière, 1619 - 1688

Animaux

Cent bourgeois étaient attroupés
Près d'un faiseur de tours de passe-passe,
À ses discours autant qu'à sa grimace
Attentivement occupés.

Ce charlatan leur contait cent sornettes
Pour vendre de son baume et de ses savonnettes,
Et les prêchait avec tant d'agrément,
Que ces gens d'esprit imbécile
Le croyaient aussi fortement
Que s'il eût dit paroles d'évangile ;
Quand, par hasard, on vit un gros rustaud
Qui menait par le nez un buffle dans la place ;
Aussitôt cette populace
Autour de lui fit un cercle badaud,
Jetant de grands éclats de rire
Sur la sotte façon dont se laissait conduire
L'animal des moins raffinés.
Mais il leur sut pourtant bien dire :
« Ne soyez point, messieurs, tant étonnés,
Je ne suis pas si sot que de merveilles :
Je me laisse, il est vrai, conduire par le nez ;
Pour vous, vous vous laissez mener par les oreilles. »
Moralité
Tel qui s'estime fort habile
Se moque d'un pauvre imbécile
Aux sentiments d'autrui toujours abandonné.
Cependant quand il s'examine,
Il se trouve en effet lui-même gouverné
Par une personne plus fine.

Il n'est rien de charmant...

Pierre Lemoyne, 1602 - 1672

Éléments

[...] Il n'est rien de charmant, comme l'est cette source,
La grâce, et la fraischeur accompagnent sa course ;
Elle a je ne sçay quoy d'éclatant et de noir,
Dont les ombres se font un liquide miroir.
La nuit tous les matins y laisse son image,
Que ses hostes touffus couvrent de leur feuillage.
Le plus beau des Zephyrs étendu sur le bord,
Resve au bruit inégal de l'onde qui l'endort,
Et qui par menus plis se traisnant sur la plaine,
Emporte avecque soy les soupirs et l'haleine
De ce doux créateur des beaux jours et des fleurs,
Qui rafraischit par là ses premières chaleurs [...]

Sur l'ombre que faisaient les arbres dans l'eau

Savinien de Cyrano de Bergerac, 1619 - 1655

Éléments – Rêve et féerie

Le ventre couché sur le gazon d'une rivière et le dos étendu sous les branches d'un saule qui se mire dedans, je vois renouveler aux arbres l'histoire de Narcisse : cent peupliers précipitent dans l'onde cent autres peupliers, et ces aquatiques ont été tellement épouvantés de leur chute qu'ils tremblent encore tous les jours du vent qui ne les touche pas. Je m'imagine que, la nuit ayant noirci toutes choses, le Soleil les plonge dans l'eau pour les laver. Mais que dirai-je de ce miroir fluide, de ce petit monde renversé qui place les chênes au-dessous de la mousse et le Ciel plus bas que les chênes ? [...] Aujourd'hui, le poisson se promène dans les bois, et des forêts entières sont au milieu des eaux sans se mouiller ; un vieil orme, entre autres, vous ferait rire, qui s'est quasi couché jusque dessus l'autre bord afin que, son image prenant la même posture, il fît de son corps et de son portrait un hameçon pour la pêche. L'onde n'est pas ingrate de la visite que ces saules lui rendent : elle a percé l'Univers à jour, de peur que la vase de son lit ne souillât leurs rameaux et, non contente d'avoir formé du cristal avec de la bourbe, elle a voûté des Cieux et des Astres par-dessous afin qu'on ne pût dire que ceux qui l'étaient venus voir eussent perdu le jour qu'ils avaient quitté pour elle. Maintenant nous pouvons baisser les yeux au Ciel et par elle le jour peut se vanter que, tout faible qu'il est à quatre heures du matin, il a pourtant la force de précipiter le Ciel dans les abîmes. Mais admirez l'empire que la basse région de l'âme exerce sur la haute : après avoir découvert que tout ce miracle n'est qu'une imposture des sens, je ne puis encore empêcher ma vue de prendre au moins ce Firmament imaginaire pour un grand lac sur qui la terre flotte. Le rossignol qui du haut d'une branche se regarde dedans croit être tombé dans la rivière : il est au sommet d'un chêne et toutefois il a peur de se noyer ; mais lorsque, après s'être affermi de l'œil et des pieds, il a dissipé sa frayeur, son portrait ne lui paraissant plus qu'un rival à combattre, il gazouille, il éclate, il s'égosille et cet autre rossignol, sans rompre le silence, s'égosille en apparence comme lui et trompe l'âme avec tant de charmes qu'on se figure qu'il ne chante que pour se faire ouïr de nos yeux ; je pense même qu'il gazouille du geste et ne pousse aucun son dans l'oreille, afin de répondre en même temps à son ennemi et pour n'enfreindre pas les lois du pays dont le peuple est muet ; la perche, la dorade et la truite qui le voient ne savent si c'est un poisson vêtu de plumes ou si c'est un oiseau dépouillé de son corps : elles s'amassent autour de lui, le considèrent comme un monstre ; et le brochet, ce tyran des rivières, jaloux de rencontrer un étranger sur son trône, le cherche en le trouvant, le touche et ne le peut sentir, court après lui, au milieu de lui-même et s'étonne de l'avoir tant de fois traversé sans le blesser. Moi-même, j'en demeure tellement consterné que je suis contraint de quitter ce tableau. /…/

Le Chêne et le Roseau

Fable de Jean de La Fontaine, 1621 - 1695

Nature

Le chêne un jour dit au roseau :
« Vous avez bien sujet d'accuser la nature ;
Un roitelet pour vous est un pesant fardeau ;
Le moindre vent qui d'aventure
Fait rider la face de l'eau,
Vous oblige à baisser la tête,
Cependant que mon front, au Caucase pareil,
Non content d'arrêter les rayons du soleil,
Brave l'effort de la tempête.

Tout vous est aquilon, tout me semble zéphyr
Encor si vous naissiez à l'abri du feuillage
    Dont je couvre le voisinage,
    Vous n'auriez pas tant à souffrir :
    Je vous défendrais de l'orage ;
    Mais vous naissez le plus souvent
Sur les humides bords des royaumes du vent
La nature envers vous me semble bien injuste.
– Votre compassion, lui répondit l'arbuste,
Part d'un bon naturel ; mais quittez ce souci :
    Les vents me sont moins qu'à vous redoutables ;
Je plie, et ne romps pas. Vous avez jusqu'ici
    Contre leurs coups épouvantables
    Résisté sans courber le dos ;
Mais attendons la fin. » Comme il disait ces mots,
Du bout de l'horizon accourt avec furie
    Le plus terrible des enfants
Que le Nord eût portés jusque-là dans ses flancs.
    L'arbre tient bon ; le roseau plie.
    Le vent redouble ses efforts,
    Et fait si bien qu'il déracine
Celui de qui la tête au ciel était voisine,
Et dont les pieds touchaient à l'empire des morts.

Le Loup et le Chien

Fable de Jean de La Fontaine, 1621 - 1695

Animaux

Un loup n'avait que les os et la peau,
Tant les chiens faisaient bonne garde.
Ce loup rencontre un dogue aussi puissant que beau,
Gras, poli, qui s'était fourvoyé par mégarde.
L'attaquer, le mettre en quartiers,
Sire loup l'eût fait volontiers.
Mais il fallait livrer bataille ;
Et le mâtin était de taille
À se défendre hardiment.
Le loup donc l'aborde humblement,
Entre en propos, et lui fait compliment
Sur son embonpoint qu'il admire.
« Il ne tiendra qu'à vous, beau sire,
D'être aussi gras que moi, lui repartit le chien.
Quittez les bois, vous ferez bien :
Vos pareils y sont misérables,
Cancres, hères et pauvres diables,
Dont la condition est de mourir de faim.
Car quoi ? Rien d'assuré ; point de franche lippée :
Tout à la pointe de l'épée.
Suivez-moi : vous aurez un bien meilleur destin. »
Le loup reprit : « Que me faudra-t-il faire ?
– Presque rien, dit le chien, donner la chasse aux gens
Portant bâtons et mendiants ;
Flatter ceux du logis, à son maître complaire ;

Moyennant quoi votre salaire
Sera force reliefs de toutes les façons :
Os de poulets, os de pigeons ;
Sans parler de mainte caresse. »
Le loup déjà se forge une félicité
Qui le fait pleurer de tendresse.
Chemin faisant il vit le col du chien pelé.
« Qu'est-ce là ? lui dit-il. – Rien. – Quoi rien ? – Peu de chose.
– Mais encor ? – Le collier dont je suis attaché
De ce que vous voyez est peut-être la cause.
– Attaché ? dit le loup ; vous ne courez donc pas
Où vous voulez ? – Pas toujours, mais qu'importe ?
– Il importe si bien que de tous vos repas
Je ne veux en aucune sorte,
Et ne voudrais pas même à ce prix un trésor. »
Cela dit, maître loup s'enfuit, et court encor.

Epitaphe d'un paresseux ou de La Fontaine par lui-même

Jean La Fontaine, 1621 - 1695

Guerre, mort – Humour

Jean s'en alla comme il était venu,
Mangea le fonds avec le revenu,
Tint les trésors chose peu nécessaire.
Quant à son temps, bien sut le dispenser :
Deux parts en fit, dont il soulait [1] passer
L'une à dormir et l'autre à ne rien faire.

1. Voulait.

Le Chien, le Coq et le Renard

Fable de Charles Perrault, 1628 - 1703

Animaux

Le chien, avec un coq, entreprit un voyage ;
D'abord dans un même arbre ils passèrent la nuit.
Le coq monta sur le plus haut branchage ;
Le chien dans le trou creux établit son réduit.
Dès le matin le coq fit son ramage,
Aussitôt un renard, de bonne heure éveillé,
Vint à lui, le pria de vouloir bien descendre,
Disant que de son chant surpris, émerveillé,
Plus longuement il ne pouvait attendre,
Qu'il voulait embrasser l'aimable musicien
Qui venait de chanter et de chanter si bien.
Le coq, qui reconnut sa louange traîtresse,
Lui dit avec la même adresse :
« Je n'ai pas de plus grand désir
Que de vous donner du plaisir ;
Mais, si vous voulez que je sorte,
Il faut éveiller le portier,
Afin qu'il nous ouvre la porte ;
Oserai-je vous en prier ? »
Le chien au premier coup sortit de sa demeure ;
Le malheureux renard pensa mourir de peur ;
Il fuit, le chien le prit et l'étrangla sur l'heure.

C'est le vrai droit du jeu de tromper le trompeur.

Le Renard et les Raisins

Fable de Edme Boursault, 1638 - 1701

Animaux

Un renard fanfaron qui cherchait à repaître,
Aperçut une treille où pendaient des raisins ;
Quand il trouve une proie et qu'il en est le maître,
Rarement un renard la laisse à ses voisins.
La treille était un peu haute,
Il s'élance, grimpe, saute,
Se cramponne à tous les murs,
Mais enfin voyant sa peine
Longue, dangereuse et vaine :
« Qu'en ferais-je ? dit-il. Je ne les crois pas mûrs. »

Epigramme d'un arbre

Paul Pellisson, 1624 - 1693

Nature

Abattu par un orage,
On me fait voguer sur l'eau.
Ô l'infortuné présage !
Avant que d'être vaisseau
J'avais déjà fait naufrage.

Le Bon Ménager

Conte de Bernard de La Monnoye, 1641 - 1728

Humour

Un campagnard bon ménager,
Trouvant que son cheval faisait trop de dépense,
Entreprit, quelle extravagance !
De l'instruire à ne point manger.
« Que ne peut, disait-il, une soigneuse étude ?
Retranchons à diverses fois,
D'abord une poignée, et puis deux et puis trois ;
Par une insensible habitude,
L'animal trop gourmand viendra sans doute à bout
De ne plus rien manger du tout. »
Charmé d'une pensée et si rare et si fine,
Petit à petit il réduit
Sa bête à jeûner jour et nuit.
Fier d'un si beau succès il bénit sa lésine ;
Il croit, plein d'allégresse, avoir atteint son but.
Mais courte l'allégresse fut ;
Bientôt, de cruelle famine,
L'étique palefroi mourut.
Le campagnard surpris au désespoir se livre :
« Quel malheur, dit-il, est le mien !
Mon cheval justement, hélas ! cesse de vivre,
Dans le temps qu'il sait l'art de ne manger plus rien. »

La Cigale et la Fourmi

Fable de Le chevalier de Saint-Gilles, v. 1670 - v. 1709

Insectes

Le temps n'est plus de la belle saison ;
L'hiver approche, et neige à gros flocon
Tombe du ciel. Cigale verdelette
Ne chante plus : autre soin l'inquiète ;
C'est du dîner dont il est question.
Mais où dîner ? Car de provision
Il n'en est point ; nulle précaution.
D'aller aux champs sucer la tendre herbette
Le temps n'est plus.

Elle va droit à l'habitation
De la fourmi. Belle réception,
Mais rien de plus. Il faut faire diète
Quand on est vieux. C'est trop tard qu'on regrette
Les jours perdus ; et de faire moisson
Le temps n'est plus.

Le Pot de terre et le Pot de fer

Fable de Le chevalier de Saint-Gilles, v. 1670 - v. 1709

Guerre, mort – Rêve et féerie

Les pots cassés... je me trompe vraiment :
Entiers et sains sur l'humide élément
Deux pots flottaient, différents de structure ;
L'un, de métal, relevé d'encolure,
Sans soin, sans peur, voguait arrogamment.

L'autre, de terre, allait plus humblement,
De son voisin craignant l'attouchement,
Et d'augmenter par une atteinte dure
Les pots cassés.

Du pot craintif voici l'enseignement :
Quand un petit s'allie imprudemment
Avec un grand, pour trop haute aventure,
Le grand en sort en fort bonne posture ;
Et le petit paie ordinairement
Les pots cassés.

Chanson des cris de Paris

Chanson d'un poète Anonyme

Travail

Voulez-vous ouïr chansonnette
De tous les cris de Paris ?
L'un crie : – Des allumettes !
L'autre : – Fusils, bons fusils !
– Cotrets ! À la masse tache !
– Verre joli !
– Qui a des vieux souliers
À vendre en bloc et en tâche !
– Beaux œufs frais !
– Oranges, citrons, grenades !
– Fromages forts de Milan !
– Salades, belles salades !
– Faut-il point du bon pain, chalans ?
– À ramoner la cheminée haut et bas !
– Vieux fer, vieux chapeaux !
– Beaux choux blancs !
Ma belle poirée !
– Moutarde ! – Almanachs nouveaux !
– Vinaigre, au bon vinaigre !
– Sablon à couvrir les vins !
Charbon de rabais en Grève !
Le minot à neuf douzaine !
Du grès, du grès !
– À fine aiguille !
– J'ai la mort aux rats et aux souris !
Entonnoirs, bons forets et outils !

Ça, chalans, curez les puits!
–Argent cassé, vieille monnaie!
–L'émouleur, gagne-petit!
–Croye de Champagne, croye!
Oublie, oublie, où est-il?
À deux liards la chanson tant belle!
–Douce mûre, gentil fruit nouveau!
À mes beaux cerneaux!
Noix nouvelle
Carpendus, poire de certeaux!
Gros fagots, sèches bourrées!
À mes beaux navets!
Chicorée, chicorée!
–Argent de mes gros balets!
Noir à noircir!
Couvercle à la lessive!
Peigne de buis!
Gravelée!
–J'ai du bon lait!
–À l'écaille vive!
–Chaudronnier, va!
–Qui est-ce qui veut de l'eau?
–Gentil vin blanc et clairet!
–Esguillettes de feu teintes!
–Argent de fin trébuchet!
–Ver, verjus! Oignons à la botte!
Hareng soret! Panets, beaux panets!
Beau cresson, carottes, carottes!
Pois verts, pois! fèves de marais!
Prunes de Damas! cerises!
Concombres! beaux arbrisseaux!
–De bonne encre pour écrire!

–Beaux melons ! beaux artichauts !
Harengs, maquereaux de chasse !
–À refaire les soufflets et les seaux !
–Citrouille, filasse, filasse !
–Qui a de vieux chapeaux ?
Vieux bonnets !
–Fromages de crème !
–Aux racines de persil !
Raves douces, belles asperges !
–Beau houblon ! – Peau de lapin !
–Gerbe de froment !
–Fouarre nouveau, fouarre !
–Pons, ratelets, chambrière de bois !
Beau mai de houx !
À la pierre noire !
–Rubans blancs, beaux lacets !
–À trente écus l'émeraude
Et l'anneau de grand valeur !
–Fèves cuites toutes chaudes !
Pain d'épices pour le cœur !
Beaux chapelets, couronne royale !
Mes beaux coings ! pêche de corbeille !
Beaux poireaux ! gros navets de balle !
Beaux bouquets. Qui veut du lait ?
Figues de Marseille !
–Beaux métis ! carpes vives !
–Beaux épinards ! lard à pois !
–Escargots ! tripes de morue !
–Beaux raisins ! beaux pruneaux de Tours !

Ainsi vont criant par les rues
Les États, chacun tous les jours.

Les Trois Limaçons

Chanson d'un anonyme

Rêve et féerie

J'ai rencontré trois limaces
Qui labouraient mon pré.
Venez tous voir,
Qui labouraient mon pré
Ne venez pas.

Je suis allé un peu plus loin
J'ai rencontré une ânesse
Qui raccommodait son bât
Venez tous voir,
Qui raccommodait son bât,
Ne venez pas.

Je suis allé un peu plus loin,
J'ai rencontré une église
Qui n'avait ni prêtre, ni curé
Venez tous voir
Qui n'avait ni prêtre, ni curé
Ne venez pas.

Il n'y avait qu'une vieille chèvre
Qui chantait « Alleluia »
Venez tous voir
Qui chantait « Alleluia »
Ne venez pas.
Il y avait un loup derrière la porte

Qui voulait la confesser
Venez tous voir
Qui voulait la confesser
Ne venez pas.

Les Menteries

Fatrasies, menteries et autres fantaisies d'un anonyme

Rêve et féerie

Je viens apporter des nouvelles
Qui sont aussi bonnes que belles ;
Mais je suis sujet à mentir.
J'ay veu un limasson en guerre
Qui jettoit un lion par terre,
Et dessous luy l'assujettir.
Qui vient de loin sans flatterie,
Il n'espargne la menterie.

J'ay veu l'Angleterre en Espagne,
Et l'Italie en Allemagne,
Et les Alpes de beurre frais ;
J'ay veu deux bœufs et leur charrue
Dedans le ventre d'une grue
Vendre du charbon de rabais.
Qui vient de loin sans flatterie,
Il n'espargne la menterie.
Je viens d'un pays de conqueste
Où les femmes n'ont point de teste

Et sont douces comme du miel ;
Les filles sont toutes pucelles
Mais elles ont laict aux mamelles ;
Et les abeilles font le fiel.
Qui vient de loin sans flatterie,
Il n'espargne la menterie.

J'ay veu dedans les eaux humides
Tous les poissons porter des brides
Pour arrester les quatre vents
Qui mangeoient une fricassée
Qui par Jupin fut amassée
À la défaite des Géants.
Qui vient de loin sans flatterie,
Il n'espargne la menterie. [...]

Tel s'enyvre bien sans vin boire,
Et tel autre nous fait accroire
Choses qui ne furent jamais.
La vérité est déchassée
Et la menterie avancée
Parmy le monde désormais.
Qui vient de loin sans flatterie,
Il n'espargne la menterie.

Chanson des bateliers de la Meuse

Fatrasies, menteries et autres fantaisies d'un anonyme

Rêve et féerie

Ah ! j'ai vu, j'ai vu.
– Compère, qu'as-tu vu ?
– J'ai vu une grenouille
Qui filait sa quenouille
Au bord d'un fossé.
– Compère, vous mentez.

Ah ! j'ai vu, j'ai vu.
– Compère, qu'as-tu vu ?
– J'ai vu une mouche
Qui se rinçait la bouche
Avec un pavé.
– Compère, vous mentez.

Ah ! j'ai vu, j'ai vu.
– Compère, qu'as-tu vu ?
J'ai vu une carpe
Qui pinçait de la harpe
Au haut d'un clocher.
– Compère, vous mentez.

Le Conjurateur et le Loup

Fatrasies, menteries et autres fantaisies d'un anonyme

Animaux

1

L'y a un loup dedans un bois,
Le loup n'veut pas sortir du bois.
Ha, j'te promets, compèr' Brocard,
Tu sortiras de ce lieu-là.
Ha, j'te promets, compèr' Brocard,
Tu sortiras de ce lieu-là.

2

Le loup n'veut pas sortir du bois,
Il faut aller chercher le chien.
Ha, j'te promets, etc.

3

Il faut aller chercher le chien,
Le chien n'veut pas japper au loup,
Le loup n'veut pas sortir du bois.
Ha, j'te promets, etc.

4

Il faut aller chercher l’bâton,
L’bâton n’veut pas battre le chien,
Le chien n’veut pas japper au loup,
Le loup n’veut pas sortir du bois.
Ha, j’te promets, etc.

5

Il faut aller chercher le feu,
Le feu n’veut pas brûler l’bâton,
L’bâton n’veut pas battre le chien,
Le chien n’veut pas japper au loup,
Le loup n’veut pas sortir du bois.
Ha, j’te promets, etc.

6

Il faut aller chercher de l’eau,
L’eau n’veut pas éteindre le feu,
Le feu n’veut pas brûler l’bâton,
L’bâton n’veut pas battre le chien,
Le chien n’veut pas japper au loup,
Le loup n’veut pas sortir du bois.
Ha, j’te promets, etc.

7

Il faut aller chercher le veau,
Le veau ne veut pas boire l’eau,
L’eau n’veut pas éteindre le feu,
Le feu n’veut pas brûler 1’bâton,
L’bâton n’veut pas battre le chien,
Le chien n’veut pas japper au loup,

Le loup n'veut pas sortir du bois.
Ha, j'te promets, etc.

8

Il faut aller chercher l'boucher,
L'boucher n'veut pas tuer le veau,
Le veau ne veut pas boire l'eau,
L'eau n'veut pas éteindre le feu,
Le feu n'veut pas brûler l'bâton,
L'bâton n'veut pas battre le chien,
Le chien n'veut pas japper au loup,
Le loup n'veut pas sortir du bois.
Ha, j'te promets, etc.

9

Il faut aller chercher l'Diable,
Le Diable veut bien venir,
L'boucher veut bien tuer le veau,
Et le veau veut bien boire l'eau;
L'eau veut bien éteindre le feu,
Le feu veut bien brûler l'bâton,
L'bâton veut bien battre le chien,
Le chien veut bien japper au loup,
Le loup veut bien sortir du bois.
Ha, j'te promets, etc.

Une petite fille roulait une boulette...

Fatrasies, menteries et autres fantaisies d'un anonyme

Humour – Rêve et féerie

Une petite fille roulait une boulette. Il arrive une alouette qui la lui prend. La petite fille dit : Alouette ! alouette ! rends-moi ma boulette. – Je te la rendrai si tu me donnes du pain. – Maman, donne-moi du pain ! – Je t'en donnerai si tu me donnes un couteau ! – Coutelier, donne-moi un couteau ! – Je t'en donnerai si tu me donnes du lait ! – Vache, donne-moi du lait ! – Je t'en donnerai si tu me donnes de l'herbe. – Faulx, donne-moi de l'herbe ! – Je t'en donnerai si tu me donnes du lard. – Pouër [1], donne-moi du lard ! – Je t'en donnerai si tu me donnes un gland. – Chêne, donne-moi un gland ! – Je t'en donnerai si tu me donnes du vent. – Mer, donne-moi du vent.

La mer m'envente, j'envente le chêne, le chêne m'englande, j'englande le pouër, le pouër m'enlarde, j'enlarde la faulx, la faulx m'enherbe, j'enherbe la vache, la vache m'enlaite, j'enlaite le coutelier, le coutelier m'encoutèle, j'encoutèle maman, maman m'enpanne, j'empanne l'alouette et l'alouette me rend ma boulette.

1. Cochon

Le merle y n'a perdu son bé

Fatrasies, menteries et autres fantaisies d'un anonyme

Oiseaux

Le merle y n'a perdu son bé
Comment chantera-t-il le merl'
Lorsqu'il n'a plus de bé

Le merle y n'a perdu sa langue
Sa langue et son bé
Le merle y n'a perdu un œil
Un œil, sa langue et son bé

Le merle y n'a perdu deux yeux
Deux yeux, un œil, sa langue et son bé
Le merle y n'a perdu une aile
Une aile, deux yeux, un œil, sa langue et son bé

Le merle y n'a perdu deux ailes
Deux ailes, une aile, deux yeux, un œil, sa langue et son bé

Le merle y n'a perdu une piotte
Une piotte, deux ailes, une aile, deux yeux, un œil, sa langue et son bé

Le merle y n'a perdu deux piottes
Deux piottes, une piotte, deux ailes, une aile, deux yeux, un œil, sa langue et son bé.

La Caille

Fatrasies, menteries et autres fantaisies d'un anonyme

Oiseaux

Ô caille, belle caille
où est ton nid ?

Là-haut sur la montagne
au-delà du ruisseau !

Ô caille, belle caille
de quoi l'as-tu bâti ?

De feuilles, de branchettes,
et de ronces aussi !

Ô caille, belle caille
qu'est-ce qu'il y a dedans ?

Des œufs de caille
qu'il y a dedans !

Ô caille, belle caille
qu'ils sont jolis !

Ils sont tachés de picailles
blancs et marrons !

Ô caille, belle caille
faisons un nid !

Je ne quitte pas mon rocher
et mon bon nid !

Ô caille, belle caille
il sera plus neuf !

Je ne quitte pas ma broussaille
je garde mes œufs jolis !

Et moi je m'enfouiyais

Comptine d'un anonyme

Humour

En passant près d'un moulin
Que le moulin marchait,
Et dans son joli chant disait :
Ketiketiketac, ketiketiketac ;
Moi je croyais qu'il disait :
Attrape, attrape, attrape, attrape, attrape, attrape,
Et moi je m'enfouiyais...
Et moi je m'enfouiyais.

En passant près d'un' prairie,
Que les faucheurs fauchaient,
Et dans leur joli chant disaient :
Ah ! l'beau faucheur, ah l'beau faucheur
Moi je croyais qu'ils disaient :
Ah v'la l'voleur, ah v'là l'voleur !
Et moi je m'enfoui-foui...
Et moi je m'enfouiyais.

En passant près d'une église,
Que les chantres chantaient,
Et dans leur joli chant disaient :
Alleluia ! Alleluia !
Moi je croyais qu'ils disaient :
Ah ! le voilà, ah ! le voilà !
Et moi je m'enfoui-foui...

Et moi je m'enfouiyais.

En passant près d'un poulailler
Que les poules chantaient,
Et dans leur joli chant disaient :
Coucouricou, coucouricou ;
Moi je croyais qu'ell's disaient :
Coupons-y l'cou ! coupons-y l'cou !
Et moi je m'enfoui-foui...
Et moi je m'enfouiyais.

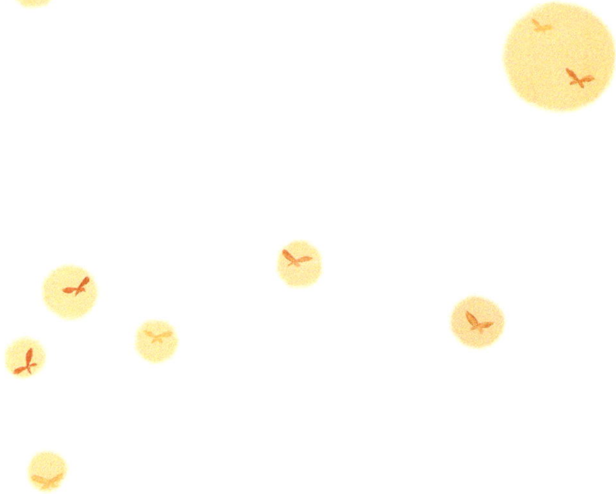

Description chimérique d'un être de raison...

... fabriqué de pièces rapportées, habillé d'une étoffe à double sens, lequel fut construit par une assemblée d'équivoques, assistées du génie burlesque

Abbé Claude Cherrier, début du XVIIIe siècle

Humour – Rêve et féerie

Il a un corps de garde,
Des membres de période,
Une tête d'Armée,
Une face de théâtre,
Des traits d'arbalète,
Le front d'un bataillon,
Des yeux de bœuf,
Deux temples de Jupiter,
Un nez de Bachot,
Des joues de Peson,
Une bouche du Danube,
Une langue étrangère,
Des dents de scie,
Une haleine de savetier,
Des oreilles d'écuelle,
Une ouïe de carpe,
Une chevelure d'arbre,
Une barbe d'épic,
Un cou de tonnerre,
Une gorge de montagne,
Des bras de mer,

Des mains de papier,
Un poing d'Espagne,
Des côtes de Barbarie,
Des cuisses de noix,
Des jambes étrières,
Des pieds d'estaux,
Un dos de fauteuil,
Un cul de sac,
Des parties d'Apothicaire,
Un cœur d'Opéra,
Les entrailles de la terre,
Des os de Noël,
Des veines de marbre,
Une âme de soufflet. [...]

Il a une mine de plomb,
Un air de Cadmus,
Un port de mer,
Une voie d'eau,
Un champ de bataille,
Un accent circonflexe,
Un creux de puits,
Une taille de plume,
Un regard de fontaine,
Un ris de veau,
La gravité de l'air,
Une justice subalterne,
Un esprit de vin,
Une lumière de canon,
Un jugement téméraire,
Une justesse de contrepoids,

Une ruse de guerre,
Une expérience de Physique.

Je vous dirai de plus qu'il était d'un accès de fièvre quarte,
D'une douceur de miel,
D'un caractère gothique,
Qu'il avait de belles inclinations de tête,
Le pas de Calais,
Et la diligence de Lyon,
Tous ces faits mémorables prouvent qu'il était brave comme une mariée. [...]

Le Bélier piqué par une abeille

Fable de Mancini-Nivernois, 1716 - 1798

Animaux

Certain Bélier, d'humeur farouche et fière,
Par une Abeille fut piqué ;
Son orgueil en fut fort choqué.
Droit au logis de l'ouvrière
Avec fureur il s'avança.
Et tout d'abord il l'enfonça,
Heurtant la tête la première,
Comme on sait que c'est la manière
De ces messieurs ; il renversa
Cire et gâteaux, la ruche entière.
L'essaim dans l'air se dispersa ;
Mais, en partant, chaque abeille laissa
Cuisante ampoule au nez du sire.
Il en souffrit un vrai martyre,
Et reconnut à ses dépens
Que l'on n'a pas grande cervelle
Quand, pour une mince querelle,
On s'en va choquer tant de gens.

La Carpe et les Carpillons

Fable de Florian, 1755 - 1794

Animaux

« Prenez garde, mes fils, côtoyez moins le bord,
Suivez le fond de la rivière ;
Craignez la ligne meurtrière
Ou l'épervier plus dangereux encor. »
C'est ainsi que parlait une carpe de Seine
À de jeunes poissons qui l'écoutaient à peine.
C'était au mois d'avril ; les neiges, les glaçons
Fondus par les zéphyrs descendaient des montagnes ;
Le fleuve enflé par eux s'élève à gros bouillons,
Et déborde dans les campagnes.

« Ah ! ah ! criaient les carpillons,
Qu'en dis-tu, carpe radoteuse ?
Crains-tu pour nous les hameçons ?
Nous voilà citoyens de la mer orageuse ;
Regarde : on ne voit plus que les eaux et le ciel ;
Les arbres sont cachés sous l'onde ;
Nous sommes les maîtres du monde ;
C'est le déluge universel. »
« Ne croyez pas cela, répond la vieille mère ;
Pour que l'eau se retire, il ne faut qu'un instant :
Ne vous éloignez point, et, de peur d'accident,
Suivez, suivez toujours le fond de la rivière. »
« Bah ! disent les poissons, tu répètes toujours
Mêmes discours.
Adieu, nous allons voir notre nouveau domaine. »
Parlant ainsi, nos étourdis
Sortent tous du lit de la Seine,
Et s'en vont dans les eaux qui couvrent le pays.
Qu'arriva-t-il ? les eaux se retirèrent,
Et les carpillons demeurèrent ;
Bientôt ils furent pris
Et frits.

L'Avare et son fils

Fable de Florian, 1755 - 1794

Humour

Par je ne sais quelle aventure,
Un avare, un beau jour, voulant se bien traiter,
Au marché courut acheter
Des pommes pour sa nourriture.
Dans son armoire il les porta,
Les compta, rangea, recompta,
Ferma les doubles tours de sa double serrure,
Et chaque jour les visita.
Ce malheureux, dans sa folie,
Les bonnes pommes ménageait;
Mais, lorsqu'il en trouvait quelqu'une de pourrie,
En soupirant il la mangeait.
Son fils, jeune écolier, faisant fort maigre chère,
Découvrit à la fin les pommes de son père.
Il attrape les clefs, et va dans ce réduit,
Suivi de deux amis d'excellent appétit.
Or, vous pouvez juger le dégât qu'ils y firent,
Et combien de pommes périrent!
L'avare arrive en ce moment,
De douleur, d'effroi palpitant:
« Mes pommes! criait-il; coquins, il faut les rendre,
Ou je vais tous vous faire pendre.
– Mon père, dit le fils, calmez-vous, s'il vous plaît;
Nous sommes d'honnêtes personnes;
Et quel tort vous avons-nous fait?
Nous n'avons mangé que les bonnes. »

Le Lierre et la Vigne

Fable de De Jussieu, milieu XVIIIe siè cle

Nature

Sur le mur d'un vieil ermitage,
Un lierre avec orgueil étalait son feuillage.
Une vigne, tout près de lui,
Grimpait modestement le long du même appui.
De son inutile verdure
Fier et vain comme un sot, le lierre, sans égard,
Repoussait sa voisine et couvrait la masure.
La pauvre vigne, sans murmure,
Se retirait toujours, cherchant place à l'écart.
Mais chacun eut son tour, et justice fut faite.
Un jardinier s'avance, armé de sa serpette ;
Il vient pour réparer le manoir délaissé.
Sans peine on devine le reste.
L'orgueilleux inutile, arraché, dispersé,
Laisse le mur débarrassé
À la vigne utile et modeste.

Le Lierre et le Rosier

Fable de Antoine-François Le Bailly, 1756 - 1832

Nature

Un lierre, en serpentant au haut d'une muraille,
Voit un petit rosier, et se rit de sa taille.
L'arbuste lui répond : « Apprends que sans appui
J'ai su m'élever par moi-même ;
Mais toi, dont l'orgueil est extrême,
Tu ramperais encor sans le secours d'autrui. »

Le Saule et la Ronce

Fable de Antoine-François Le Bailly, 1756-1832

Nature

– Sans cesse t'accrocher aux gens,
Voilà certe un beau passe-temps,
Disait un jour le Saule à la Ronce rampante ;
Quel avantage au moins en crois-tu retirer ?
– Aucun, lui répartit la plante ;
Je ne veux que les déchirer.

La Vipère et la Sang-Sue

Fable de Antoine-François Le Bailly, 1756-1832

Animaux

– Nous piquons toutes deux, commère,
À la Sang-Sue un jour disait une Vipère,
Et l'homme cependant te recherche et me fuit ;
D'où vient cela ? – D'où vient ? répliqua la Sang-Sue
C'est que ta piqûre le tue,
Et que la mienne le guérit.

Le Pommier dépouillé de son fruit

Fable de Abbé Reyre, fin du XVIIIe siècle

Nature

Voyez-vous disait un pommier
Aux arbres de son voisinage,
Quand le fruit sous son poids le forçait à plier,
Voyez-vous comme on vient ici me rendre hommage ?

Je vois arriver tour à tour
Le maître du jardin ainsi que la maîtresse.
Enfants et valets, tout s'empresse
Soir et matin à me faire la cour,
Il n'est, ma foi, rien tel que la richesse,
Pour avoir grand nombre d'amis.
Voisin, je suis de votre avis,
Lui dit un vieux poirier ; mais attendez, de grâce,
Qu'à l'hiver l'automne ait fait place,
Et de cette amitié vous connaîtrez le prix.
La réflexion était bonne ;
Car dès qu'on eut cueilli le fruit,
Adieu maître, maîtresse, enfants, valets, tout fuit,
Le pommier resta seul, et ne vit plus personne.
Étonné de ce changement,
On ne m'aimait donc pas, dit-il en soupirant,
Et l'on n'en voulait qu'à mes pommes ?
Oui, lui dit le poirier, vous ne vous trompez point.
Mais, pour vous consoler, sachez que sur ce point,
Comme vous on traite les hommes.
Ils ont beaucoup d'amis tandis qu'ils sont heureux ;
Dès qu'ils ne le sont plus, chacun s'éloigne d'eux.

La Jeune Captive

André Chénier, 1762 - 1794

Sentiments

Est-ce à moi de mourir ? Tranquille je m'endors,
Et tranquille je veille ; et ma veille aux remords
Ni mon sommeil ne sont en proie.
Ma bienvenue au jour me rit dans tous les yeux :
Sur des fronts abattus, mon aspect dans ces lieux
Ranime presque de la joie.

Je ne suis qu'au printemps, je veux voir la moisson ;
Et comme le soleil, de saison en saison,
Je veux achever mon année.
Brillante sur ma tige et l'honneur du jardin,
Je n'ai vu luire encor que les feux du matin :
Je veux achever ma journée.

Sur la poésie

Joseph Joubert, 1754 - 1824

Art poétique

Le talent poétique naît dans les âmes vives de l'impuissance de raisonner.

*

Les poètes sont enfants avec beaucoup de grandeur d'âme et avec une céleste intelligence.

*

Les beaux vers sont ceux qui s'exhalent comme des sons ou des parfums.

*

On ne peut trouver de poésie nulle part quand on n'en porte pas en soi.

Poèmes

du 19e siècle

L'Oreiller d'un enfant

Marceline Desbordes-Valmore, 1786 - 1859

Enfance, souvenirs

Cher petit oreiller, doux et chaud sous ma tête,
Plein de plume choisie, et blanc, et fait pour moi !
Quand on a peur du vent, des loups, de la tempête,
Cher petit oreiller, que je dors bien sur toi !

Beaucoup, beaucoup d'enfants, pauvres et nus, sans mère,
Sans maison, n'ont jamais d'oreiller pour dormir ;
Ils ont toujours sommeil, ô destinée amère !
Maman ! douce maman ! cela me fait gémir.

L'Automne

Alphonse de Lamartine, 1790 - 1869

Temps, saisons

Salut, bois couronnés d'un reste de verdure,
Feuillages jaunissants sur les gazons épars !
Salut, derniers beaux jours ! le deuil de la nature
Convient à la douleur et plaît à mes regards.

Je suis d'un pas rêveur le sentier solitaire ;
J'aime à revoir encor, pour la dernière fois,
Ce soleil pâlissant, dont la faible lumière
Perce à peine à mes pieds l'obscurité des bois.

Oui, dans ces jours d'automne où la nature expire,
À ses regards voilés je trouve plus d'attraits ;
C'est l'adieu d'un ami, c'est le dernier sourire
Des lèvres que la mort va fermer pour jamais.

Ainsi, prêt à quitter l'horizon de la vie,
Pleurant de mes longs jours l'espoir évanoui,
Je me retourne encore, et d'un regard d'envie
Je contemple ses biens dont je n'ai pas joui.

Terre, soleil, vallons, belle et douce nature,
Je vous dois une larme aux bords de mon tombeau ;
L'air est si parfumé ! la lumière est si pure !
Aux regards d'un mourant le soleil est si beau !
Je voudrais maintenant vider jusqu'à la lie
Ce calice mêlé de nectar et de fiel :
Au fond de cette coupe où je buvais la vie,
Peut-être restait-il une goutte de miel !

Peut-être l'avenir me gardait-il encore
Un retour de bonheur dont l'espoir est perdu !
Peut-être, dans la foule, une âme que j'ignore
Aurait compris mon âme, et m'aurait répondu !...

La fleur tombe en livrant ses parfums au zéphire ;
À la vie, au soleil, ce sont là ses adieux :
Moi, je meurs ; et mon âme, au moment qu'elle expire,
S'exhale comme un son triste et mélodieux.

Le Papillon

Alphonse de Lamartine, 1790 - 186

Animaux – Rêve et féerie

Naître avec le printemps, mourir avec les roses ;
Sur l'aile du zéphyr nager dans un ciel pur ;
Balancé sur le sein des fleurs à peine écloses,
S'enivrer de parfums, de lumière et d'azur ;
Secouant, jeune encor, la poudre de ses ailes,
S'envoler comme un souffle aux voûtes éternelles :
Voilà du papillon le destin enchanté.
Il ressemble au désir, qui jamais ne se pose,
Et, sans se satisfaire, effleurant toute chose,
Retourne enfin au ciel chercher la volupté.

Une vieille bavarde...

Fatrasies, menteries et autres fantaisies – Comptine
de Alphonse de Lamartine, 1790 - 1869

Voyage

Une vieille bavarde
Un postillon gris
Un âne qui regarde
La corde d'un puits
Des roses et des lys
Dans un pot de moutarde
Voilà le chemin
Qui mène à Paris.

La Mort du loup

Alfred de Vigny, 1797 - 1863

Animaux – Guerre, mort

1

Les nuages couraient sur la lune enflammée
Comme sur l'incendie on voit fuir la fumée,
Et les bois étaient noirs jusques à l'horizon.
Nous marchions, sans parler, dans l'humide gazon,
Dans la bruyère épaisse, et dans les hautes brandes,
Lorsque, sous des sapins pareils à ceux des Landes,
Nous avons aperçu les grands ongles marqués

Par les loups voyageurs que nous avions traqués.
Nous avons écouté, retenant notre haleine
Et le pas suspendu. – Ni le bois ni la plaine
Ne poussait un soupir dans les airs ; seulement
La girouette en deuil criait au firmament ;
Car le vent, élevé bien au-dessus des terres,
N'effleurait de ses pieds que les tours solitaires,
Et les chênes d'en bas, contre les rocs penchés,
Sur leurs coudes semblaient endormis et couchés.
Rien ne bruissait donc, lorsque, baissant la tête,
Le plus vieux des chasseurs qui s'étaient mis en quête
A regardé le sable en s'y couchant ; bientôt,
Lui que jamais ici l'on ne vit en défaut,
A déclaré tout bas que ces marques récentes
Annonçaient la démarche et les griffes puissantes
De deux grands loups-cerviers et de deux louveteaux.
Nous avons tous alors préparé nos couteaux,
Et, cachant nos fusils et leurs lueurs trop blanches,
Nous allions pas à pas en écartant les branches.
Trois s'arrêtent, et moi, cherchant ce qu'ils voyaient,
J'aperçois tout à coup deux yeux qui flamboyaient,
Et je vois au delà quatre formes légères
Qui dansaient sous la lune au milieu des bruyères,
Comme font chaque jour, à grand bruit sous nos yeux,
Quand le maître revient, les lévriers joyeux.
Leur forme était semblable et semblable la danse ;
Mais les enfants du Loup se jouaient en silence,
Sachant bien qu'à deux pas, ne dormant qu'à demi,
Se couche dans ses murs l'homme, leur ennemi.
Le père était debout, et plus loin, contre un arbre,
Sa louve reposait, comme celle de marbre

Qu'adoraient les Romains, et dont les flancs velus
Couvaient les demi-dieux Rémus et Romulus.
Le Loup vient et s'assied, les deux jambes dressées,
Par leurs ongles crochus dans le sable enfoncées.
Il s'est jugé perdu, puisqu'il était surpris,
Sa retraite coupée et tous ses chemins pris,
Alors il a saisi, dans sa gueule brûlante,
Du chien le plus hardi la gorge pantelante,
Et n'a pas desserré ses mâchoires de fer,
Malgré nos coups de feu, qui traversaient sa chair,
Et nos couteaux aigus qui, comme des tenailles,
Se croisaient en plongeant dans ses larges entrailles,
Jusqu'au dernier moment où le chien étranglé,
Mort longtemps avant lui, sous ses pieds a roulé.
Le Loup le quitte alors et puis il nous regarde.
Les couteaux lui restaient au flanc jusqu'à la garde,
Le clouaient au gazon tout baigné dans son sang;
Nos fusils l'entouraient en sinistre croissant.
Il nous regarde encore, ensuite il se recouche,
Tout en léchant le sang répandu sur sa bouche,
Et, sans daigner savoir comment il a péri,
Refermant ses grands yeux, meurt sans jeter un cri.

2

J'ai reposé mon front sur mon fusil sans poudre,
Me prenant à penser, et n'ai pu me résoudre
À poursuivre sa Louve et ses fils, qui, tous trois
Avaient voulu l'attendre, et, comme je le crois,
Sans ses deux louveteaux, la belle et sombre veuve
Ne l'eût pas laissé seul subir la grande épreuve;

Mais son devoir était de les sauver, afin
De pouvoir leur apprendre à bien souffrir la faim,
À ne jamais entrer dans le pacte des villes
Que l'homme a fait avec les animaux serviles
Qui chassent devant lui, pour avoir le coucher,
Les premiers possesseurs du bois et du rocher.

3

Hélas ! ai-je pensé, malgré ce grand nom d'Hommes,
Que j'ai honte de nous, débiles que nous sommes !
Comment on doit quitter la vie et tous ses maux,
C'est vous qui le savez, sublimes animaux.
À voir ce que l'on fut sur terre et ce qu'on laisse,
Seul le silence est grand ; tout le reste est faiblesse.
– Ah ! je t'ai bien compris, sauvage voyageur,
Et ton dernier regard m'est allé jusqu'au cœur.
Il disait : « Si tu peux, fais que ton âme arrive,
À force de rester studieuse et pensive,
Jusqu'à ce haut degré de stoïque fierté
Où, naissant dans les bois, j'ai tout d'abord monté.
Gémir, pleurer, prier, est également lâche.
Fais énergiquement ta longue et lourde tâche
Dans la voie où le sort a voulu t'appeler,
Puis, après, comme moi, souffre et meurs sans parler. »

Ma Frégate

Alfred de Vigny, 1797 - 1863

Voyage

Qu'elle était belle, ma Frégate,
Lorsqu'elle voguait dans le vent !
Elle avait, au soleil levant,
Toutes les couleurs de l'agate ;
Ses voiles luisaient le matin
Comme des ballons de satin ;
Sa quille mince, longue et plate,
Portait deux bandes d'écarlate
Sur vingt-quatre canons cachés ;
Ses mâts, en arrière penchés,
Paraissaient à demi couchés,
Dix fois plus vive qu'un pirate,
En cent jours du Havre à Surate [1]
Elle nous emporta souvent.
Qu'elle était belle, ma Frégate,
Lorsqu'elle voguait dans le vent !

1. Port de l'Inde où l'on confectionnait des étoffes renommées

Chant de l'oiseau

Chanson du poète Jules Michelet, 1798 - 1874

Oiseaux – Temps, saisons

Je suis le compagnon
Du pauvre bûcheron.

Je le suis en automne
Au vent des premiers froids,
Et c'est moi qui lui donne
Le dernier chant des bois.

Il est triste, et je chante
Sous mon deuil mêlé d'or ;
Dans la brume pesante,
Je vois l'azur encor.

Mais quand vient la gelée,
Je frappe à ton carreau.
Il n'est plus de feuillée ;
Prends pitié de l'oiseau !

C'est ton ami d'automne
Qui revient près de toi,
Le ciel, tout m'abandonne...
Bûcheron, ouvre-moi !

Qu'en ce temps de disette,
Le petit voyageur,
Régalé d'une miette,
S'endorme à ta chaleur !

Je suis le compagnon
Du pauvre bûcheron.

Si j'étais roi...

Fatrasies, menteries et autres fantaisies
de la Comtesse de Ségur, 1799-1874

Rêve et féerie

« Si j'étais roi, Pierre, il faut que tu saches,
Disait Gros-Jean, que soudain j'aurais moi,
Un grand cheval, avec de beaux panaches ;
Monté dessus, je garderais mes vaches,
Si j'étais roi.

– Si j'étais roi, tiens, lui répondit Pierre,
Voici, Gros-Jean, ce que je ferais, moi ;
J'adoucirais le sort de mon vieux père,
Je donnerais du pain blanc à ma mère,
Si j'étais roi. »

Jeanne était au pain sec...

Victor Hugo, 1802 - 1885

Enfance, souvenirs – Sentiments

Jeanne était au pain sec dans le cabinet noir,
Pour un crime quelconque, et, manquant au devoir,
J'allai voir la proscrite en pleine forfaiture,
Et lui glissai dans l'ombre un pot de confiture
Contraire aux lois. Tous ceux sur qui, dans ma cité,
Repose le salut de la société,
S'indignèrent, et Jeanne a dit d'une voix douce :
– Je ne toucherai plus mon nez avec mon pouce ;
Je ne me ferai plus griffer par le minet. –
Mais on s'est récrié : – Cette enfant vous connaît ;
Elle sait à quel point vous êtes faible et lâche.
Elle vous voit toujours rire quand on se fâche.
Pas de gouvernement possible. À chaque instant
L'ordre est troublé par vous ; le pouvoir se détend ;
Plus de règle. L'enfant n'a plus rien qui l'arrête.
Vous démolissez tout. – Et j'ai baissé la tête,
Et j'ai dit : – Je n'ai rien à répondre à cela,
J'ai tort. Oui, c'est avec ces indulgences-là
Qu'on a toujours conduit les peuples à leur perte.
Qu'on me mette au pain sec. – Vous le méritez, certe.
On vous y mettra. – Jeanne alors, dans son coin noir,
M'a dit tout bas, levant ses yeux si beaux à voir,
Pleins de l'autorité des douces créatures :
– Eh bien, moi, je t'irai porter des confitures.

Aux Feuillantines

Victor Hugo, 1802 - 1885

Enfance, souvenirs

Mes deux frères et moi, nous étions tout enfants.
Notre mère disait : Jouez, mais je défends
Qu'on marche dans les fleurs et qu'on monte aux échelles.

Abel était l'aîné, j'étais le plus petit.
Nous mangions notre pain de si bon appétit,
Que les femmes riaient quand nous passions près d'elles.

Nous montions pour jouer au grenier du couvent.
Et là, tout en jouant, nous regardions souvent
Sur le haut d'une armoire un livre inaccessible.

Nous grimpâmes un jour jusqu'à ce livre noir ;
Je ne sais pas comment nous fîmes pour l'avoir,
Mais je me souviens bien que c'était une Bible.

Ce vieux livre sentait une odeur d'encensoir.
Nous allâmes ravis dans un coin nous asseoir.
Des estampes partout ! quel bonheur ! quel délire !

Nous l'ouvrîmes alors tout grand sur nos genoux,
Et dès le premier mot il nous parut si doux
Qu'oubliant de jouer, nous nous mîmes à lire.
Nous lûmes tous les trois ainsi, tout le matin,
Joseph, Ruth et Booz, le bon Samaritain,
Et, toujours plus charmés, le soir nous le relûmes.

Tels des enfants, s'ils ont pris un oiseau des cieux,
S'appellent en riant et s'étonnent, joyeux,
De sentir dans leur main la douceur de ses plumes.

Mes deux filles

Victor Hugo, 1802 - 1885

Enfance, souvenirs – Sentiments

Dans le frais clair-obscur du soir charmant qui tombe,
L'une pareille au cygne et l'autre à la colombe,
Belles, et toutes deux joyeuses, ô douceur !
Voyez, la grande sœur et la petite sœur
Sont assises au seuil du jardin, et sur elles
Un bouquet d'œillets blancs aux longues tiges frêles,
Dans une urne de marbre agité par le vent,
Se penche, et les regarde, immobile et vivant,
Et frissonne dans l'ombre, et semble, au bord du vase,
Un vol de papillons arrêté dans l'extase.

Elle avait pris ce pli dans son âge enfantin...

Victor Hugo, 1802 - 1885

Enfance, souvenirs – Guerre, mort

Elle avait pris ce pli dans son âge enfantin
De venir dans ma chambre un peu chaque matin ;
Je l'attendais ainsi qu'un rayon qu'on espère ;
Elle entrait, et disait : Bonjour, mon petit père ;
Prenait ma plume, ouvrait mes livres, s'asseyait

...

Sur mon lit, dérangeait mes papiers, et riait,
Puis soudain s'en allait comme un oiseau qui passe.
Alors, je reprenais, la tête un peu moins lasse,
Mon œuvre interrompue, et, tout en écrivant,
Parmi mes manuscrits je rencontrais souvent
Quelque arabesque folle et qu'elle avait tracée,
Et mainte page blanche entre ses mains froissée
Où, je ne sais comment, venaient mes plus doux vers.
Elle aimait Dieu, les fleurs, les astres, les prés verts,
Et c'était un esprit avant d'être une femme.
Son regard reflétait la clarté de son âme.
Elle me consultait sur tout à tous moments.
Oh ! que de soirs d'hiver radieux et charmants
Passés à raisonner langue, histoire et grammaire,
Mes quatre enfants groupés sur mes genoux, leur mère
Tout près, quelques amis causant au coin du feu !
J'appelais cette vie être content de peu !
Et dire qu'elle est morte ! Hélas ! que Dieu m'assiste !
Je n'étais jamais gai quand je la sentais triste ;
J'étais morne au milieu du bal le plus joyeux
Si j'avais, en partant, vu quelque ombre en ses yeux.

Le Mendiant

Victor Hugo, 1802 - 1885

Sentiments

Un pauvre homme passait dans le givre et le vent.
Je cognai sur ma vitre ; il s'arrêta devant
Ma porte, que j'ouvris d'une façon civile.
Les ânes revenaient du marché de la ville,
Portant les paysans accroupis sur leurs bâts.
C'était le vieux qui vit dans une niche au bas
De la montée, et rêve, attendant, solitaire,
Un rayon du ciel triste, un liard de la terre,
Tendant les mains pour l'homme et les joignant pour Dieu.
Je lui criai : « Venez vous réchauffer un peu.
Comment vous nommez-vous ? » Il me dit : « Je me nomme
Le pauvre. » Je lui pris la main : « Entrez, brave homme. »
Et je lui fis donner une jatte de lait.
Le vieillard grelottait de froid ; il me parlait,
Et je lui répondais, pensif et sans l'entendre.
« Vos habits sont mouillés, dis-je, il faut les étendre
Devant la cheminée. » Il s'approcha du feu.
Son manteau, tout mangé des vers, et jadis bleu,
Étalé largement sur la chaude fournaise,
Piqué de mille trous par la lueur de braise,
Couvrait l'âtre, et semblait un ciel noir étoilé.
Et, pendant qu'il séchait ce haillon désolé
D'où ruisselait la pluie et l'eau des fondrières,
Je songeais que cet homme était plein de prières,
Et je regardais, sourd à ce que nous disions,
Sa bure où je voyais des constellations.

Que l'exemple vous serve...

Fable de Victor Hugo, 1802 - 1885

Humour – Rêve et féerie

Un brave ogre des bois, natif de Moscovie,
Était fort amoureux d'une fée, et l'envie
Qu'il avait d'épouser cette dame s'accrut
Au point de rendre fou ce pauvre cœur tout brut ;
L'ogre un beau jour d'hiver peigne sa peau velue,
Se présente au palais de la fée, et salue,
Et s'annonce à l'huissier comme prince Ogrousky.
La fée avait un fils, on ne sait pas de qui.

Elle était ce jour-là sortie, et quant au mioche,
Bel enfant blond nourri de crème et de brioche,
Don fait par quelque Ulysse à cette Calypso,
Il était sous la porte et jouait au cerceau.
On laissa l'ogre et lui tout seuls dans l'antichambre.
Comment passer le temps quand il neige en décembre,
Et quand on n'a personne avec qui dire un mot ?
L'ogre se mit alors à croquer le marmot.
C'est très simple. Pourtant c'est aller un peu vite,
Même lorsqu'on est ogre et qu'on est moscovite,
Que de gober ainsi les mioches du prochain.
Le bâillement d'un ogre est frère de la faim.
Quand la dame rentra, plus d'enfant. On s'informe.
La fée avise l'ogre avec sa bouche énorme.
As-tu vu, cria-t-elle, un bel enfant que j'ai ?
Le bon ogre naïf lui dit : Je l'ai mangé.
Or, c'était maladroit. Vous qui cherchez à plaire,
Jugez ce que devint l'ogre devant la mère
Furieuse qu'il eût soupé de son dauphin.
Que l'exemple vous serve ; aimez, mais soyez fin ;
Adorez votre belle, et soyez plein d'astuce ;
N'allez pas lui manger, comme cet ogre russe,
Son enfant, ou marcher sur la patte à son chien.

La Barricade

Victor Hugo, 1802 - 1885

Guerre, mort

Sur une barricade, au milieu des pavés
Souillés d'un sang coupable et d'un sang pur lavés,
Un enfant de douze ans est pris avec des hommes.
« Es-tu de ceux-là, toi ? » L'enfant dit : « Nous en sommes.
– C'est bon, dit l'officier, on va te fusiller.
Attends ton tour. » L'enfant voit des éclairs briller,
Et tous ses compagnons tomber sous la muraille.
Il dit à l'officier : « Permettez-vous que j'aille
Rapporter cette montre à ma mère chez nous ?
– Tu veux t'enfuir ? – Je vais revenir. – Ces voyous
Ont peur ! Où loges-tu ? – Là, près de la fontaine.
Et je vais revenir, monsieur le Capitaine.
– Va-t'en, drôle ! » L'enfant s'en va. Piège grossier !
Et les soldats riaient avec leurs officiers.
Et les mourants mêlaient à ce rire leur râle ;
Mais le rire cessa, car soudain l'enfant pâle,
Brusquement reparu, fier comme Viala[1],
Vint s'adosser au mur et leur dit : « Me voilà. »

La mort stupide eut honte, et l'officier fit grâce.

1. Jeune révolutionnaire français mort à 13 ans en combattant les royalistes.

Fenêtres ouvertes

Victor Hugo, 1802 - 1885

Rêve et féerie – Voyage

J'entends des voix. Lueurs à travers ma paupière.
Un clocher est en branle à l'église Saint-Pierre.
Cris de baigneurs. Plus près ! plus loin ! non, par ici !
Non, par là ! Les oiseaux gazouillent, Jeanne aussi.
Georges l'appelle. Chant des coqs. Une truelle
Râcle un toit. Des chevaux passent dans la ruelle.
Grincellement d'une faulx qui coupe le gazon.
Chocs. Rumeurs. Des couvreurs marchent sur la maison.
Bruits du port. Sifflement des machines chauffées.
Musique militaire arrivant par bouffées.
Brouhaha sur le quai. Voix françaises. Merci.
Bonjour. Adieu. Sans doute il est tard, car voici
Que vient tout près de moi chanter mon rouge-gorge.
Vacarme de marteaux lointains dans une forge.
L'eau clapote. On entend haleter un steamer.
Une mouche entre. Souffle immense de la mer.

Un sylphe

Victor Hugo, 1802 - 1885

Nature

Un sylphe bâtissait une maison sans pierre,
Il avait pour truelle une feuille de lierre,
Délayait des parfums mêlés à des couleurs,
Et maçonnait gaiement son mur avec des fleurs ;
Il en bouchait les trous avec de la lumière.

Les Papillons

Gérard de Nerval, 1808 - 1855

Nature

1

De toutes les belles choses
Qui nous manquent en hiver,
Qu'aimez-vous mieux ? – Moi, les roses ;
– Moi, l'aspect d'un beau pré vert ;
– Moi, la moisson blondissante,
Chevelure des sillons ;
– Moi, le rossignol qui chante ;
– Et moi, les beaux papillons !

Le papillon, fleur sans tige,
Qui voltige,
Que l'on cueille en un réseau ;
Dans la nature infinie,
Harmonie
Entre la plante et l'oiseau !...
Je m'en vais au bois tout seul :
Je m'étends dans la grande herbe,
Perdu dans ce vert linceul.
Sur ma tête renversée,
Là, chacun d'eux à son tour,
Passe comme une pensée
De poésie ou d'amour !

...

Voici le papillon *faune*,
Noir et jaune ;
Voici le *mars* azuré,
Agitant des étincelles
Sur ses ailes
D'un velours riche et moiré.

Voici le *vulcain* rapide,
Qui vole comme un oiseau :
Son aile noire et splendide
Porte un grand ruban ponceau [1].
Dieux ! le *soufré*, dans l'espace,
Comme un éclair a relui...
Mais le joyeux *nacré* passe,
Et je ne vois plus que lui !

2

Comme un éventail de soie,
Il déploie
Son manteau semé d'argent ;
Et sa robe bigarrée
Est dorée
D'un or verdâtre et changeant.
Voici le *machaon-zèbre*,
De fauve et de noir rayé ;
Le *deuil*, en habit funèbre,
Et le *miroir* bleu strié ;
Voici l'argus, feuille-morte,
Le *morio*, le *grand-bleu*,
Et le *paon-de-jour* qui porte
Sur chaque aile un œil de feu !

1. Rouge comme un coquelicot

Mais le soir brunit nos plaines ;
Les *phalènes*
Prennent leur essor bruyant,
Et les *sphinx* aux couleurs sombres,
Dans les ombres
Voltigent en tournoyant.

C'est le *grand-paon* à l'œil rose
Dessiné sur un fond gris,
Qui ne vole qu'à nuit close,
Comme les chauves-souris ;
Le *bombice* du troëne,
Rayé de jaune et de vert,
Et le *papillon du chêne*
Qui ne meurt pas en hiver !...

… …

Voici le *sphinx* à la tête
De squelette,
Peinte en blanc sur un fond noir,
Que le villageois redoute,
Sur sa route,
De voir voltiger le soir.
Je hais aussi les *phalènes*,
Sombres hôtes de la nuit,
Qui voltigent dans nos plaines
De sept heures à minuit ;
Mais vous, papillons que j'aime,
Légers papillons de jour,
Tout en vous est un emblème
De poésie et d'amour !

3

Malheur, papillons que j'aime,
Doux emblème,
À vous pour votre beauté !...
Un doigt, de votre corsage,
Au passage,
Froisse, hélas ! le velouté !...

Une toute jeune fille
Au cœur tendre, au doux souris,
Perçant vos cœurs d'une aiguille,
Vous contemple, l'œil surpris :
Et vos pattes sont coupées
Par l'ongle blanc qui les mord,
Et vos antennes crispées
Dans les douleurs de la mort !...

La Grand'Mère

Gérard de Nerval, 1808 - 1855

Enfance, souvenirs – Guerre, mort

Voici trois ans qu'est morte ma grand'mère,
– La bonne femme ! – et, quand on l'enterra,
Parents, amis, tout le monde pleura
D'une douleur bien vraie et bien amère.

Moi seul j'errais dans la maison, surpris
Plus que chagrin ; et, comme j'étais proche
De son cercueil, – quelqu'un me fit reproche
De voir cela sans larmes et sans cris.

Douleur bruyante est bien vite passée :
Depuis trois ans, d'autres émotions,
Des biens, des maux, – des révolutions,
Ont dans les cœurs sa mémoire effacée.

Moi seul j'y songe, et la pleure souvent ;
Depuis trois ans, par le temps prenant force
Ainsi qu'un nom gravé dans une écorce,
Son souvenir se creuse plus avant !

Un pauvre honteux

Xavier Forneret, 1809 - 1884

Humour - Sentiments

Il l'a tirée
De sa poche percée,
L'a mise sous ses yeux ;
Et l'a bien regardée
En disant : « Malheureux ! »

Il l'a soufflée
De sa bouche humectée ;
Il avait presque peur
D'une horrible pensée
Qui vint le prendre au cœur.

Il l'a mouillée
D'une larme gelée
Qui fondit par hasard ;
Sa chambre était trouée
Encor plus qu'un bazar.

Il l'a frottée,
Ne l'a pas réchauffée,
À peine il la sentait ;
Car, par le froid pincée
Elle se retirait.

Il l'a pesée
Comme on pèse une idée,

En l'appuyant sur l'air.
Puis il l'a mesurée
Avec du fil de fer.
Il l'a touchée
De sa lèvre ridée. –
D'un frénétique effroi
Elle s'est écriée :
Adieu, embrasse-moi !

Il l'a baisée,
Et après l'a croisée
Sur l'horloge du corps,
Qui rendait, mal montée,
De mats et lourds accords.

Il l'a palpée
D'une main décidée
À la faire mourir. –
– Oui, c'est une bouchée
Dont on peut se nourrir.

Il l'a pliée,
Il l'a cassée,
Il l'a placée,
Il l'a coupée,
Il l'a lavée,
Il l'a portée,
Il l'a grillée,
Il l'a mangée.

– Quand il n'était pas grand, on lui avait dit :
Si tu as faim, mange une de tes mains.

Ballade à la lune

Alfred de Musset, 1810 - 1857

Éléments

C'était dans la nuit brune,
Sur le clocher jauni
La lune,
Comme un point sur un i.

Lune, quel esprit sombre
Promène au bout d'un fil,
Dans l'ombre,
Ta face et ton profil ?

Es-tu l'œil du ciel borgne ?
Quel chérubin cafard
Nous lorgne
Sous ton masque blafard ?

N'es-tu rien qu'une boule ?
Qu'un grand faucheux bien gras
Qui roule
Sans pattes et sans bras ?

Est-ce un ver qui te ronge,
Quand ton disque noirci
S'allonge
En croissant rétréci ?

Qui t'avait éborgnée,
L'autre nuit ? T'étais-tu
Cognée
À quelque arbre pointu ?

Car tu vins, pâle et morne,
Coller sur mes carreaux
Ta corne,
À travers les barreaux.

Et, toujours rajeunie,
Tu seras du passant
Bénie,
Pleine lune ou croissant.

Comme un ours à la chaîne,
Toujours sous tes yeux bleus
Se traîne
L'Océan montueux.

Et, qu'il vente ou qu'il neige,
Moi-même, chaque soir,
Que fais-je,
Venant ici m'asseoir ?

Je viens voir à la brune,
Sur le clocher jauni
La lune,
Comme un point sur un i.

Noël

Théophile Gautier, 1811 - 1872

Noël

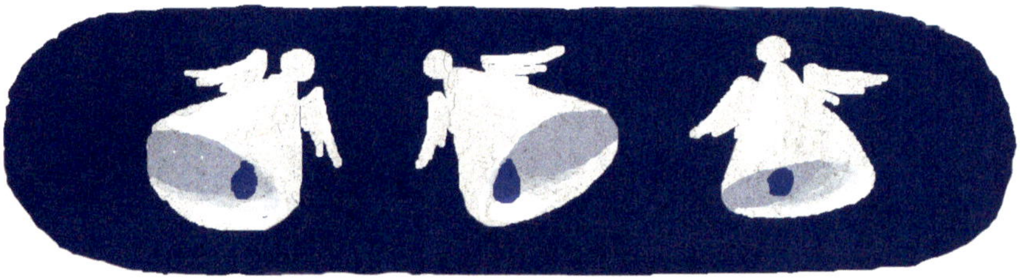

Le ciel est noir, la terre est blanche ;
– Cloches, carillonnez gaîment ! –
Jésus est né. – La Vierge penche
Sur lui son visage charmant.

Pas de courtines festonnées
Pour préserver l'enfant du froid,
Rien que les toiles d'araignées
Qui pendent des poutres du toit.

Il tremble sur la paille fraîche,
Ce cher petit enfant Jésus,
Et pour l'échauffer dans sa crèche
L'âne et le bœuf soufflent dessus.

La neige au chaume coud ses franges,
Mais sur le toit s'ouvre le ciel
Et, tout en blanc, le chœur des anges
Chante aux bergers : *« Noël ! Noël ! »*

La Source

Théophile Gautier, 1811 - 1872

Éléments

Tout près du lac filtre une source,
Entre deux pierres, dans un coin ;
Allégrement l'eau prend sa course
Comme pour s'en aller bien loin.

Elle murmure : Oh ! quelle joie !
Sous la terre il faisait si noir !
Maintenant ma rive verdoie,
Le ciel se mire à mon miroir.

Les myosotis aux fleurs bleues
Me disent : Ne m'oubliez pas !
Les libellules de leurs queues
M'égratignent dans leurs ébats ;

À ma coupe l'oiseau s'abreuve ;
Qui sait ? – Après quelque détours
Peut-être deviendrai-je un fleuve
Baignant vallons, rochers et tours.

Je broderai de mon écume
Ponts de pierre, quais de granit,
Emportant le steamer qui fume
À l'Océan où tout finit.
Ainsi la jeune source jase,
Formant cent projets d'avenir ;

… …

Comme l'eau qui bout dans un vase,
Son flot ne peut se contenir ;

Mais le berceau touche à la tombe ;
Le géant futur meurt petit ;
Née à peine, la source tombe
Dans le grand lac qui l'engloutit !

Fumée

Théophile Gautier, 1811 - 1872

Enfance, souvenirs – Temps, saisons

Là-bas, sous les arbres s'abrite
Une chaumière au dos bossu ;
Le toit penche, le mur s'effrite,
Le seuil de la porte est moussu.

La fenêtre, un volet la bouche ;
Mais du taudis, comme au temps froid
La tiède haleine d'une bouche,
La respiration se voit.

Un tire-bouchon de fumée,
Tournant son mince filet bleu,
De l'âme en ce bouge enfermée
Porte des nouvelles à Dieu.

Les Eléphants

Leconte de Lisle, 1818 - 1894

Animaux – Voyage

Le sable rouge est comme une mer sans limite,
Et qui flambe, muette, affaissée en son lit,
Une ondulation immobile remplit
L'horizon aux vapeurs de cuivre où l'homme habite.

Nulle vie et nul bruit. Tous les lions repus
Dorment au fond de l'antre éloigné de cent lieues,
Et la girafe boit dans les fontaines bleues,
Là-bas, sous les dattiers des panthères connus.

Pas un oiseau ne passe en fouettant de son aile
L'air épais, où circule un immense soleil.
Parfois quelque boa, chauffé dans son sommeil,
Fait onduler son dos dont l'écaille étincelle.

Tel l'espace enflammé brûle sous les cieux clairs.
Mais, tandis que tout dort aux mornes solitudes,
Les éléphants rugueux, voyageurs lents et rudes,
Vont au pays natal à travers les déserts.

D'un point de l'horizon, comme des masses brunes,
Ils viennent, soulevant la poussière, et l'on voit,
Pour ne point dévier du chemin le plus droit,
Sous leur pied large et sûr crouler au loin les dunes.
Celui qui tient la tête est un vieux chef. Son corps
Est gercé comme un tronc que le temps ronge et mine ;

...

Sa tête est comme un roc, et l'arc de son échine
Se voûte puissamment à ses moindres efforts.

Sans ralentir jamais et sans hâter sa marche,
Il guide au but certain ses compagnons poudreux ;
Et, creusant par-derrière un sillon sablonneux,
Les pèlerins massifs suivent leur patriarche.
L'oreille en éventail, la trompe entre les dents,
Ils cheminent, l'œil clos. Leur ventre bat et fume,
Et leur sueur dans l'air embrasé monte en brume ;
Et bourdonnent autour mille insectes ardents.

Mais qu'importent la soif et la mouche vorace,
Et le soleil cuisant leur dos noir et plissé ?
Ils rêvent en marchant du pays délaissé,
Des forêts de figuiers où s'abrita leur race.
Ils reverront le fleuve échappé des grands monts,
Où nage en mugissant l'hippopotame énorme,
Où blanchis par la lune et projetant leur forme,
Ils descendaient pour boire en écrasant les joncs.

Aussi, pleins de courage et de lenteur, ils passent
Comme une ligne noire, au sable illimité ;
Et le désert reprend son immobilité
Quand les lourds voyageurs à l'horizon s'effacent.

La Panthère noire

Leconte de Lisle, 1818 - 1894

Animaux – Voyage

Une rose lueur s'épand par les nuées ;
L'horizon se dentelle, à l'Est, d'un vif éclair,
Et le collier nocturne, en perles dénouées,
S'égrène et tombe dans la mer.

Toute une part du ciel se vêt de molles flammes
Qu'il agrafe à son faîte étincelant et bleu,
Un pan traîne et rougit l'émeraude des lames
D'une pluie aux gouttes de feu.

Des bambous éveillés où le vent bat des ailes,
Des letchis au fruit pourpre et des canneliers
Pétille la rosée en gerbes d'étincelles,
Montent des bruits frais par milliers.

Et des monts et des bois, des fleurs, des hautes mousses,
Dans l'air tiède et subtil, brusquement dilaté,
S'épanouit un flot d'odeurs fortes et douces,
Plein de fièvre et de volupté.

Par les sentiers perdus au creux des forêts vierges
Où l'herbe épaisse fume au soleil du matin ;
Le long des cours d'eau vive encaissés dans leurs berges,

...

Sous de verts arceaux de rotin ;
La reine de Java, la noire chasseresse,
Avec l'aube, revient au gîte où ses petits
Parmi les os luisants miaulent de détresse,
Les uns sous les autres blottis.

Inquiète, les yeux aigus comme des flèches,
Elle ondule, épiant l'ombre des rameaux lourds,
Quelques taches de sang, éparses, toutes fraîches,
Mouillent sa robe de velours.

Elle traîne après elle un reste de sa chasse,
Un quartier du beau cerf qu'elle a mangé la nuit ;
Et sur la mousse en fleur une effroyable trace
Rouge, et chaude encore, la suit.

Autour, les papillons et les fauves abeilles
Effleurent à l'envi son dos souple du vol ;
Les feuillages joyeux de leurs mille corbeilles
Sur ses pas parfument le sol.

Le python, du milieu d'un cactus écarlate,
Déroule son écaille, et, curieux témoin,
Par-dessus les buissons dressant sa tête plate,
La regarde passer de loin.

Sous la haute fougère elle glisse en silence,
Parmi les troncs moussus s'enfonce et disparaît.
Les bruits cessent, l'air brûle, et la lumière immense
Endort le ciel et la forêt.

Les Fenêtres

Charles Baudelaire, 1821 - 1867

Enfance, souvenirs – Rêve et féerie

[...] Celui qui regarde au-dehors à travers une fenêtre ouverte ne voit jamais autant de choses que celui qui regarde une fenêtre fermée. Il n'est pas d'objet plus profond, plus mystérieux, plus fécond, plus ténébreux, plus éblouissant qu'une fenêtre éclairée d'une chandelle. Ce qu'on peut voir au soleil est toujours moins intéressant que ce qui se passe derrière une vitre.

Dans ce trou noir ou lumineux vit la vie, rêve la vie, souffre la vie.

Par-delà des vagues de toits, j'aperçois une femme mûre, ridée déjà, pauvre, toujours penchée sur quelque chose, et qui ne sort jamais. Avec son visage, avec son vêtement, avec son geste, avec très peu de données, j'ai refait l'histoire de cette femme, ou plutôt sa légende, et quelquefois je me la raconte à moi-même en pleurant.

Si c'eût été un pauvre vieux homme, j'aurais refait la sienne tout aussi aisément.

Et je me couche, fier d'avoir vécu et souffert dans d'autres que moi-même.

Peut-être me direz-vous : « Es-tu sûr que cette légende soit la vraie ? » Qu'importe ce que peut être la réalité placée hors de moi, si elle m'a aidé à vivre, à sentir que je suis et ce que je suis ?

L'Invitation au voyage

Charles Baudelaire, 1821 - 1867

Voyage

Mon enfant, ma sœur,
Songe à la douceur
D'aller là-bas vivre ensemble !
Aimer à loisir,
Aimer et mourir
Au pays qui te ressemble !
Les soleils mouillés
De ces ciels brouillés
Pour mon esprit ont les charmes
Si mystérieux
De tes traîtres yeux,
Brillant à travers leurs larmes.

Là, tout n'est qu'ordre et beauté,
Luxe, calme et volupté.

Des meubles luisants,
Polis par les ans,
Décoreraient notre chambre ;
Les plus rares fleurs
Mêlant leurs odeurs
Aux vagues senteurs de l'ambre,
Les riches plafonds,
Les miroirs profonds,
La splendeur orientale,
Tout y parlerait
À l'âme en secret
Sa douce langue natale.
Là, tout n'est qu'ordre et beauté,
Luxe, calme et volupté.

Vois sur ces canaux
Dormir ces vaisseaux
Dont l'humeur est vagabonde ;
C'est pour assouvir
Ton moindre désir
Qu'ils viennent du bout du monde.
– Les soleils couchants
Revêtent les champs,
Les canaux, la ville entière,
D'hyacinthe et d'or ;
Le monde s'endort
Dans une chaude lumière.

Là, tout n'est qu'ordre et beauté.
Luxe, calme et volupté.

Qui aimes-tu le mieux...

Charles Baudelaire, 1821-1867

Rêve et féerie

Qui aimes-tu le mieux, homme énigmatique, dis ?
ton père, ta mère, ta sœur ou ton frère ?
– Je n'ai ni père, ni mère, ni sœur, ni frère.
– Tes amis ?
– Vous vous servez là d'une parole dont le sens m'est resté jusqu'à ce jour inconnu.
– Ta patrie ?
– J'ignore sous quelle latitude elle est située.
– La beauté ?
– Je l'aimerais volontiers, déesse et immortelle.
– L'or ?
– Je le hais comme vous haïssez Dieu.
– Eh ! qu'aimes-tu donc, extraordinaire étranger ?
– J'aime les nuages... les nuages qui passent... là-bas... là-bas... les merveilleux nuages !

Le Chat

Charles Baudelaire, 1821 - 1867

Animaux

Dans ma cervelle se promène,
Ainsi qu'en son appartement,
Un beau chat, fort, doux et charmant.
Quand il miaule, on l'entend à peine,

Tant son timbre est tendre et discret ;
Mais que sa voix s'apaise ou gronde,
Elle est toujours riche et profonde.
C'est là son charme et son secret.

De sa fourrure blonde et brune
Sort un parfum si doux qu'un soir
J'en fus embaumé, pour l'avoir
Caressée une fois, rien qu'une.
C'est l'esprit familier du lieu ;
Il juge, il préside, il inspire
Toutes choses dans son empire ;
Peut-être est-il fée, est-il dieu ?

Le Tung-Wang-Fung

Louis Bouilhet, 1822-1869

Oiseaux – Nature

La fleur Ing-wha, petite et pourtant des plus belles,
N'ouvre qu'à Ching-tu-fu son calice odorant ;
Et l'oiseau Tung-wang-fung est tout juste assez grand
Pour couvrir cette fleur en tendant ses deux ailes.

Et l'oiseau dit sa peine à la fleur qui sourit,
Et la fleur est de pourpre, et l'oiseau lui ressemble,
Et l'on ne sait pas trop, quand on les voit ensemble,
Si c'est la fleur qui chante, ou l'oiseau qui fleurit.

Lapins

Théodore de Banville, 1823 - 1891

Animaux

Les petits lapins, dans le bois,
Folâtrent sur l'herbe arrosée
Et, comme nous le vin d'Arbois,
Ils boivent la douce rosée.

Gris foncé, gris clair, soupe au lait,
Ces vagabonds, dont se dégage
Comme une odeur de serpolet,
Tiennent à peu près ce langage :

« Nous sommes les petits lapins,
Gens étrangers à l'écriture,
Et chaussés des seuls escarpins
Que nous a donnés la nature.

« Nous sommes les petits lapins ;
C'est le poil qui forme nos bottes,
Et, n'ayant pas de calepins,
Nous ne prenons jamais de notes.

« Et dans la bonne odeur des pins
Qu'on voit ombrageant ces clairières,
Nous sommes les petits lapins
Assis sur leurs derrières. »

La Voie lactée

Sully Prudhomme, 1839 - 1907

Éléments

Aux étoiles j'ai dit un soir :
« Vous ne paraissez pas heureuses ;
Vos lueurs, dans l'infini noir,
Ont des tendresses douloureuses ;

Et je crois voir au firmament
Un deuil blanc mené par des vierges
Qui portent d'innombrables cierges
Et se suivent languissamment.

Êtes-vous toujours en prière ?
Êtes-vous des astres blessés ?
Car ce sont des pleurs de lumière,
Non des rayons, que vous versez.

Vous, les étoiles, les aïeules
Des créatures et des dieux,
Vous avez des pleurs dans les yeux… »
Elles m'ont dit : « Nous sommes seules…

Chacune de nous est très loin
Des sœurs dont tu la crois voisine ;
Sa clarté caressante et fine
Dans sa patrie est sans témoin ;
Et l'intime ardeur de ses flammes
Expire aux cieux indifférents. »

Je leur ai dit : « Je vous comprends !
Car vous ressemblez à des âmes :

Ainsi que vous, chacune luit
Loin des sœurs qui semblent près d'elle.
Et la solitaire immortelle
Brûle en silence dans la nuit. »

Le Cygne

Sully Prudhomme, 1839 - 190

Oiseaux

Sans bruit, sous le miroir des lacs profonds et calmes,
Le cygne chasse l'onde avec ses larges palmes,
Et glisse. Le duvet de ses flancs est pareil
À des neiges d'avril qui croulent au soleil ;
Mais ferme, et d'un blanc mat, vibrant sous le zéphire,
Sa grande aile l'entraîne ainsi qu'un lent navire.
Il dresse son beau col au-dessus des roseaux,
Le plonge, le promène allongé sur les eaux,
Le courbe gracieux comme un profil d'acanthe,
Et cache son bec noir dans sa gorge éclatante.

Le Hareng saur

Charles Cros, 1842 - 1888

Animaux

Il était un grand mur blanc – nu, nu, nu,
Contre le mur une échelle – haute, haute, haute,
Et, par terre, un hareng saur – sec, sec, sec.

Il vient, tenant dans ses mains – sales, sales, sales,
Un marteau lourd un grand clou – pointu, pointu, pointu,
Un peloton de ficelle – gros, gros, gros.

Alors, il monte à l'échelle – haute, haute, haute,
Et plante le clou pointu – toc, toc, toc,
Tout en haut du grand mur blanc – nu, nu, nu.

Il laisse aller le marteau – qui tombe, qui tombe, qui tombe,
Attache au clou la ficelle – longue, longue, longue,
Et, au bout, le hareng saur – sec, sec, sec.
Il redescend de l'échelle – haute, haute, haute,
L'emporte avec le marteau – lourd, lourd, lourd,
Et puis, il s'en va ailleurs, – loin, loin, loin.

Et, depuis, le hareng saur – sec, sec, sec,
Au bout de cette ficelle – longue, longue, longue,
Très lentement se balance – toujours, toujours, toujours.

J'ai composé cette histoire, – simple, simple, simple,
Pour mettre en fureur les gens – graves, graves, graves,
Et amuser les enfants – petits, petits, petits.

Morale

Charles Cros, 1842 - 1888

Humour

Sur des chevaux de bois enfiler des anneaux,
Regarder un caniche expert aux dominos,
Essayer de gagner une oie avec des boules,
Respirer la poussière et la sueur des foules,
Boire du coco tiède au gobelet d'étain
De ce marchand miteux qui fait ter lin tin tin,
Rentrer se coucher seul, à la fin de la foire,
Dormir tranquillement en attendant la gloire
Dans un lit frais l'été, mais, l'hiver, bien chauffé,
Tout cela vaut bien mieux que d'aller au café.

Soleil couchant

Sonnet de José Maria de Heredia, 1842 - 1905

Éléments - Jour et nuit

Les ajoncs éclatants, parure du granit,
Dorent l'âpre sommet que le couchant allume ;
Au loin, brillante encor par sa barre d'écume,
La mer sans fin commence où la terre finit.

À mes pieds c'est la nuit, le silence. Le nid
Se tait, l'homme est rentré sous le chaume qui fume ;

Seul, l'Angélus du soir, ébranlé dans la brume,
À la vaste rumeur de l'Océan s'unit.

Alors, comme du fond d'un abîme, des traînes[1],
Des landes, des ravins, montent des voix lointaines
De pâtres attardés ramenant le bétail.

L'horizon tout entier s'enveloppe dans l'ombre,
Et le soleil mourant, sur un ciel riche et sombre,
Ferme les branches d'or de son rouge éventail.

1. Chemins creux

La Mort des oiseaux

François Coppée, 1842-1908

Oiseaux - Guerre, mort

Le soir, au coin du feu, j'ai pensé bien des fois
À la mort d'un oiseau, quelque part, dans les bois.
Pendant les tristes jours de l'hiver monotone,
Les pauvres nids déserts, les nids qu'on abandonne,
Se balancent au vent sur un ciel gris de fer.
Oh ! comme les oiseaux doivent mourir l'hiver !
Pourtant, lorsque viendra le temps des violettes,
Nous ne trouverons pas leurs délicats squelettes
Dans le gazon d'avril, où nous irons courir.
Est-ce que les oiseaux se cachent pour mourir ?

La Belle au Bois dormait

Paul Verlaine, 1844 - 1896

Rêve et féerie

La Belle au Bois dormait. Cendrillon sommeillait.
Madame Barbe-Bleue ? elle attendait ses frères ;
Et le petit Poucet, loin de l'ogre si laid,
Se reposait sur l'herbe en chantant des prières.

L'Oiseau couleur-de-temps planait dans l'air léger
Qui caresse la feuille au sommet des bocages
Très nombreux, tout petits, et rêvant d'ombrager
Semaille, fenaison, et les autres ouvrages.

Les fleurs des champs, les fleurs innombrables des champs,
Plus belles qu'un jardin où l'Homme a mis ses tailles,
Ses coupes et son goût à lui – les fleurs des gens ! –
Flottaient comme un tissu très fin dans l'or des pailles...

Les blés encore verts, les seigles déjà blonds
Accueillaient l'hirondelle en leur flot pacifique.
Un tas de voix d'oiseaux criait vers les sillons
Si doucement qu'il ne faut pas d'autre musique...

Peau-d'Âne rentre. On bat la retraite – écoutez ! –
Dans les États voisins de Riquet-à-la-Houppe,
Et nous joignons l'auberge, enchantés, esquintés,
Le bon coin où se coupe et se trempe la soupe !

Il pleure dans mon cœur

Paul Verlaine, 1844 - 1896

Temps, saisons

Il pleut doucement sur la ville.
(A. Rimbaud)

Il pleure dans mon cœur
Comme il pleut sur la ville,
Quelle est cette langueur
Qui pénètre mon cœur ?

Ô bruit doux de la pluie
Par terre et sur les toits !
Pour un cœur qui s'ennuie
Ô le chant de la pluie !

Il pleure sans raison
Dans ce cœur qui s'écœure.
Quoi ! nulle trahison ?
Ce deuil est sans raison.

C'est bien la pire peine
De ne savoir pourquoi
Sans amour et sans haine
Mon cœur a tant de peine.

Impression fausse

Comptine de Paul Verlaine, 1844-1896

Animaux - Jour et nuit

Dame souris trotte,
Noire dans le gris du soir,
Dame souris trotte,
Grise dans le noir.

On sonne la cloche :
Dormez, les bons prisonniers,
On sonne la cloche :
Faut que vous dormiez.

Pas de mauvais rêve,
Ne pensez qu'à vos amours,
Pas de mauvais rêve :
Les belles toujours !

Le grand clair de lune !
On ronfle à côté.
Le grand clair de lune
En réalité !

Un nuage passe,
Il fait noir comme en un four.
Un nuage passe.
Tiens, le petit jour !

Dame souris trotte,
Rose dans les rayons bleus,
Dame souris trotte :
Debout, paresseux !

L'Heure du berger

Paul Verlaine, 1844 - 1896

Jour et nuit

La lune est rouge au brumeux horizon ;
Dans un brouillard qui danse, la prairie
S'endort fumeuse, et la grenouille crie
Par les joncs verts où circule un frisson ;

Les fleurs des eaux referment leurs corolles ;
Des peupliers profilent aux lointains,
Droits et serrés, leurs spectres incertains ;
Vers les buissons errent les lucioles ;

Les chats-huants s'éveillent, et sans bruit
Rament l'air noir avec leurs ailes lourdes,
Et le zénith s'emplit de lueurs sourdes.
Blanche, Vénus émerge, et c'est la Nuit.

Le ciel est par-dessus le toit...

Paul Verlaine, 1844 - 1896

Jour et nuit

Le ciel est par-dessus le toit
Si bleu, si calme !
Un arbre par-dessus le toit
Berce sa palme.

La cloche dans le ciel qu'on voit
Doucement tinte.
Un oiseau sur l'arbre qu'on voit
Chante sa plainte.

Mon Dieu, mon Dieu, la vie est là,
Simple et tranquille.
Cette paisible rumeur-là
Vient de la ville.

– Qu'as-tu fait, ô toi que voilà
Pleurant sans cesse,
Dis, qu'as-tu fait, toi que voilà,
De ta jeunesse ?

Le Mousse

Tristan Corbière, 1845 - 1875

Guerre, mort - Travail

– Mousse : il est donc marin, ton père ?...
– Pêcheur. Perdu depuis longtemps.
En découchant d'avec ma mère,
Il a couché dans les brisants…

Maman lui garde au cimetière
Une tombe – et rien dedans. –
C'est moi son mari sur la terre,
Pour gagner du pain aux enfants.

Deux petits. – Alors, sur la plage,
Rien n'est revenu du naufrage ?...
– Son garde-pipe et son sabot...

La mère pleure, le dimanche,
Pour repos… Moi : j'ai ma revanche
Quand je serai grand – matelot ! –

Il fait noir...

Rondel de Tristan Corbière, 1845 - 1875

Enfance, souvenirs - Jour et nuit

Il fait noir, enfant, voleur d'étincelles !
Il n'est plus de nuits, il n'est plus de jours ;
Dors... en attendant venir toutes celles
Qui disaient : Jamais ! Qui disaient : Toujours !

Entends-tu leurs pas ?... Ils ne sont pas lourds :
Oh ! les pieds légers ! – l'Amour a des ailes...
Il fait noir, enfant, voleur d'étincelles !
Entends-tu leurs voix ?... Les caveaux sont sourds.

Dors : il pèse peu, ton faix d'immortelles ;
Ils ne viendront pas, tes amis les ours,
Jeter leur pavé sur tes demoiselles...
Il fait noir, enfant, voleur d'étincelles !

En forêt

Germain Nouveau, 1851-1920

Jour et nuit - Nature

Dans la forêt étrange, c'est la nuit ;
C'est comme un noir silence qui bruit ;

Dans la forêt, ici blanche et là brune,
En pleurs de lait filtre le clair de lune.

Un vent d'été, qui souffle on ne sait d'où,
Erre en rêvant comme une âme de fou ;

Et, sous des yeux d'étoile épanouie,
La forêt chante avec un bruit de pluie.

Parfois il vient des gémissements doux
Des lointains bleus pleins d'oiseaux et de loups ;

Il vient aussi des senteurs de repaires ;
C'est l'heure froide où dorment les vipères /.../.

– Pourtant la lune est bonne dans le ciel,
Qui verse, avec un sourire de miel,

Son âme calme et ses pâleurs amies
Au troupeau roux des roches endormies.

On m'a mis au collège...

Germain Nouveau, 1851 - 1920

Enfance, souvenirs

On m'a mis au collège (oh ! les parents, c'est lâche !)
en province, dans la vieille ville de H...
J'ai quinze ans, et l'ennui du latin pluvieux !
Je vis, fumant d'affreux cigares dans les lieux ;
et je réponds, quand on me prive de sortie :
« Chouette alors ! » préférant le bloc à la partie
d'écarté, chez le maire, où le soir, au salon,
honteux d'un liséré rouge à mon pantalon,
j'écoute avec stupeur ma tante (une nature !)
causer du dernier bal à la sous-préfecture.

Janvier

Sonnet de Germain Nouveau, 1851 - 1920

Enfance, souvenirs – Temps, saisons

Dans le palais d'Hiver, écoutez bien, c'est l'aube
Et la Saint-Valentin entrebâillant les portes,
Et, par les escaliers en velours, toutes sortes
D'éveils, soupirs de pas et musiques de robes.

L'Enfant, si frêle sous d'énormes cheveux d'ambre,
Assise au lit, de ses deux yeux trop grands dévore
Les joujoux monstrueux que la nuit fit éclore.
Son âme en fête a parfumé toute la chambre.

La servante, jolie Abyssinienne, rêve
Et s'afflige aux carreaux, car la neige sans trêve
A tué le jardin, que c'est à n'y pas croire !

Et le rire ébloui de l'une ne s'achève
Encore, et l'autre enfant, petite Idole noire,
Se dresse étrangement sur la saison d'ivoire.

A ma sœur Laurence

Germain Nouveau, 1851 - 1920

Enfance, souvenirs

Je t'aime parce que tu m'aimes, sœur gentille,
Parce que dans ce monde où je me sens errer
Je n'ai que toi pour bien et pour toute famille,
Et parce que je n'ai que ton sein pour pleurer.

Je t'aime parce que notre si bonne mère,
De sa tombe où sur nous son regard veille encor,
M'a fait de bien t'aimer une loi qui m'est chère,
Et que ton amour seul de jour en jour plus fort
Mêle quelque douceur au regret de sa mort.

Je t'aimerai toujours pour que tu sois heureuse,
Et, si nous le pouvons, dans un commun accord
Nous braverons les vents et la mer orageuse ;
Ensemble nous viendrons voguer au même bord,
Et nous nous trouverons ensemble dans le port.

Les Effarés

Arthur Rimbaud, 1854 - 1891

Enfance, souvenirs - Sentiments

Noirs dans la neige et dans la brume,
Au grand soupirail qui s'allume,
Leurs culs en rond,

À genoux, cinq petits – misère ! –
Regardent le Boulanger faire
Le lourd pain blond.

Ils voient le fort bras blanc qui tourne
La pâte grise et qui l'enfourne
Dans un trou clair.

Ils écoutent le bon pain cuire.
Le Boulanger au gras sourire
Grogne un vieil air.

Ils sont blottis, pas un ne bouge,
Au souffle du soupirail rouge
Chaud comme un sein.

Quand pour quelque médianoche,
Façonné comme une brioche
On sort le pain,

Quand, sous les poutres enfumées,
Chantent les croûtes parfumées
Et les grillons,

Que ce trou chaud souffle la vie,
Ils ont leur âme si ravie
Sous leurs haillons,

Ils se ressentent si bien vivre,
Les pauvres Jésus pleins de givre,
Qu'ils sont là tous,

Collant leurs petits museaux roses
Au treillage, grognant des choses
Entre les trous,

Tout bêtes, faisant leurs prières
Et repliés vers ces lumières
Du ciel rouvert,

Si fort, qu'ils crèvent leur culotte
Et que leur chemise tremblote
Au vent d'hiver

Ma bohème

Sonnet de Arthur Rimbaud, 1854 - 1891

Enfance, souvenirs

Je m'en allais, les poings dans mes poches crevées;
Mon paletot aussi devenait idéal;
J'allais sous le ciel, Muse! et j'étais ton féal;
Oh! là là! que d'amours splendides j'ai rêvées!

Mon unique culotte avait un large trou.
– Petit Poucet rêveur, j'égrenais dans ma course
Des rimes. Mon auberge était à la Grande-Ourse.
– Mes étoiles au ciel avaient un doux frou-frou.

Et je les écoutais, assis au bord des routes,
Ces bons soirs de septembre où je sentais des gouttes
De rosée à mon front, comme un vin de vigueur;

Où, rimant au milieu des ombres fantastiques,
Comme des lyres, je tirais les élastiques
De mes souliers blessés, un pied près de mon cœur!

Le Dormeur du val

Sonnet de Arthur Rimbaud, 1854 - 1891

Guerre, mort

C'est un trou de verdure où chante une rivière
Accrochant follement aux herbes des haillons
D'argent ; où le soleil, de la montagne fière,
Luit : c'est un petit val qui mousse de rayons.

Un soldat jeune, bouche ouverte, tête nue,
Et la nuque baignant dans le frais cresson bleu,
Dort ; il est étendu dans l'herbe, sous la nue,
Pâle dans son lit vert où la lumière pleut.

Les pieds dans les glaïeuls, il dort. Souriant comme
Sourirait un enfant malade, il fait un somme :
Nature, berce-le chaudement : il a froid.

Les parfums ne font pas frissonner sa narine ;
Il dort dans le soleil, la main sur sa poitrine
Tranquille. Il a deux trous rouges au côté droit.

Le Buffet

Sonnet de Arthur Rimbaud, 1854-1891

Enfance, souvenirs

C'est un large buffet sculpté ; le chêne sombre,
Très vieux, a pris cet air si bon des vieilles gens ;
Le buffet est ouvert, et verse dans son ombre
Comme un flot de vin vieux, des parfums engageants ;

Tout plein, c'est un fouillis de vieilles vieilleries,
De linges odorants et jaunes, de chiffons
De femmes ou d'enfants, de dentelles flétries,
De fichus de grand'mère où sont peints des griffons ;

– C'est là qu'on trouverait les médaillons, les mèches
De cheveux blancs ou blonds, les portraits, les fleurs sèches
Dont le parfum se mêle à des parfums de fruits.

– Ô buffet du vieux temps, tu sais bien des histoires,
Et tu voudrais conter tes contes, et tu bruis
Quand s'ouvrent lentement tes grandes portes noires.

Enfance

Arthur Rimbaud, 1854 - 1891

Enfance, souvenirs – Sentiments

Au bois il y a un oiseau, son chant vous arrête et vous fait rougir.
Il y a une horloge qui ne sonne pas.
Il y a une fondrière avec un nid de bêtes blanches.
Il y a une cathédrale qui descend et un lac qui monte.
Il y a une petite voiture abandonnée dans le taillis,
ou qui descend le sentier en courant, enrubannée.
Il y a une troupe de petits comédiens en costumes,
aperçus sur la route à travers la lisière du bois.
Il y a enfin, quand l'on a faim et soif, quelqu'un qui vous chasse.

Un matin

Émile Verhaeren, 1855 - 1916

Sentiments

Dès le matin, par mes grand'routes coutumières
Qui traversent champs et vergers,
Je suis parti clair et léger,
Le corps enveloppé de vent et de lumière.

Je vais, je ne sais où. Je vais, je suis heureux ;
C'est fête et joie en ma poitrine ;
Que m'importent droits et doctrines,
Le caillou sonne et luit sous mes talons poudreux ;

Je marche avec l'orgueil d'aimer l'air et la terre,
D'être immense et d'être fou
Et de mêler le monde et tout
À cet enivrement de vie élémentaire.

Oh ! les pas voyageurs et clairs des anciens dieux !
Je m'enfouis dans l'herbe sombre
Où les chênes versent leurs ombres
Et je baise les fleurs sur leurs bouches de feu.

Les bras fluides et doux des rivières m'accueillent ;
Je me repose et je repars
Avec mon guide, le hasard,
Par des sentiers sous bois dont je mâche les feuilles. /.../
Pour la première fois, je vois les vents vermeils
Briller dans la mer des branchages,
Mon âme humaine n'a point d'âge ;
Tout est jeune, tout est nouveau sous le soleil.

J'aime mes yeux, mes bras, mes mains, ma chair, mon torse
Et mes cheveux amples et blonds
Et je voudrais, par mes poumons,
Boire l'espace entier pour en gonfler ma force.

Oh ! ces marches à travers bois, plaines, fossés,
Où l'être chante et pleure et crie
Et se dépense avec furie
Et s'enivre de soi ainsi qu'un insensé !

Le Chaland

Émile Verhaeren, 1855 - 1916

Enfance, souvenirs – Voyage

Sur l'arrière de son bateau,
Le batelier promène
Sa maison naine
Par les canaux.

Elle est joyeuse, et nette, et lisse
Et glisse
Tranquillement sur le chemin des eaux.
Cloisons rouges et porte verte,
Et frais et blancs rideaux
Aux fenêtres ouvertes.

Et, sur le pont, une cage d'oiseau
Et deux baquets et un tonneau ;
Et le roquet qui vers les gens aboie,
Et dont l'écho renvoie
La colère vaine vers le bateau.

Le batelier promène
Sa maison naine
Sur les canaux
Qui font le tour de la Hollande
Et de la Flandre et du Brabant.

Il transporte des cargaisons,
Par tas plus hauts que sa maison :

...

Sacs de pommes vertes et blondes,
Fèves et pois, choux et raiforts,
Et quelquefois des seigles d'or
Qui arrivent du bout du monde.

Vieux menuisier

Émile Verhaeren, 1855 - 1916

Travail

A son enseigne, au coin du bourg, là-bas,
Les branches d'or d'un grand compas
– Comme un blason, sur sa maison –
Semblent deux rais pris au soleil
Le menuisier construit ses appareils
Avec des mains prestes et nettes
Et des regards, sous ses lunettes,
Aigus et droits, sur son travail
Tout en détails.

Ses fenêtres à gros barreaux
Ne voient le ciel que par petits carreaux ;
Et sa boutique, autant que lui,
Est vieille et vit d'ennui.

Il est l'homme de l'habitude
Qu'en son cerveau tissa l'étude,
Au long des temps de ses cent ans
Monotones et végétants.

Le Chant de l'eau

Émile Verhaeren, 1855 - 1916

Éléments

L'entendez-vous, l'entendez-vous
Le menu flot sur les cailloux ?
Il passe et court et glisse,
Et doucement dédie aux branches,
Qui sur son cours se penchent,
Sa chanson lisse.

Là-bas,
Le petit bois de cornouillers
Où l'on disait que Mélusine
Jadis, sur un tapis de perles fines,
Au clair de lune, en blancs souliers
Dansa ;

Le petit bois de cornouillers
Et tous ses hôtes familiers,
Et les putois et les fouines,
Et les souris et les mulots,
Écoutent
Loin des sentes et loin des routes
Le bruit de l'eau...

Complainte amoureuse

Alphonse Allais, 1855 - 1905

Humour - Sentiments

Oui, dès l'instant que je vous vis,
Beauté féroce, vous me plûtes !
De l'amour qu'en vos yeux je pris,
Sur-le-champ vous vous aperçûtes.
Ah ! fallait-il que je vous visse,
Fallait-il que vous me plussiez,
Qu'ingénument je vous le dise,
Qu'avec orgueil vous vous tussiez !
Fallait-il que je vous aimasse,
Que vous me désespérassiez,
Et qu'en vain je m'opiniâtrasse
Et que je vous idolâtrasse,
Pour que vous m'assassinassiez !

Sur un cheval tout noir...

Berceuse de Jean Moréas, 1856 - 1910

Animaux – Rêve et féerie

Sur un cheval tout noir à la crinière rousse
Il galope sur la mousse.

En toque de velours avec des plumes blanches
Il passe sous les branches.

Au galop ! au galop ! il passe sous les branches
Avec ses plumes blanches.

Au trot ! au trot ! au trot ! et son grand lévrier
Saute près de l'étrier.

Il va pour épouser la fille de la reine,
La reine sa marraine.

Sur son cheval tout noir à la crinière rousse,
Il galope sur la mousse.

Les Cheveux

Remy de Gourmont, 1858 - 1915

Éléments - Rêve et féerie

Simone, il y a un grand mystère
Dans la forêt de tes cheveux.

Tu sens le foin, tu sens la pierre
Où des bêtes se sont posées ;
Tu sens le cuir, tu sens le blé,
Quand il vient d'être vanné ;
Tu sens le bois, tu sens le pain
Qu'on apporte le matin ;

Tu sens les fleurs qui ont poussé
Le long d'un mur abandonné ;
Tu sens la ronce, tu sens le lierre
Qui a été lavé par la pluie ;
Tu sens le jonc et la fougère
Qu'on fauche à la tombée de la nuit ;
Tu sens le houx, tu sens la mousse,
Tu sens l'herbe mourante et rousse
Qui s'égrène à l'ombre des haies ;
Tu sens l'ortie et le genêt,
Tu sens le trèfle, tu sens le lait ;
Tu sens le fenouil et l'anis ;
Tu sens les noix, tu sens les fruits
Qui sont bien mûrs et que l'on cueille ;
Tu sens le saule et le tilleul
Quand ils ont des fleurs plein les feuilles ;
Tu sens le miel, tu sens la vie
Qui se promène dans les prairies ;
Tu sens la terre et la rivière ;
Tu sens l'amour, tu sens le feu.

Simone, il y a un grand mystère
Dans la forêt de tes cheveux.

Les Après-Midi d'automne

Jules Laforgue, 1860-1887

Enfance, souvenirs – Sentiments – Temps, saisons

Oh ! les après-midi solitaires d'automne !
Il neige à tout jamais. On tousse. On n'a personne.
Un piano voisin joue un air monotone ;
Et, songeant au passé béni, triste, on tisonne.

Comme la vie est triste ! Et triste aussi mon sort.
Seul, sans amour, sans gloire ! et la peur de la mort !
Et la peur de la vie, aussi ! Suis-je assez fort ?
Je voudrais être enfant, avoir ma mère encor.

Oui, celle dont on est le pauvre aimé, l'idole,
Celle qui, toujours prête, ici-bas nous console !...
Maman ! Maman ! oh ! comme à présent, loin de tous,

Je mettrais follement mon front dans ses genoux,
Et je resterais là, sans dire une parole,
À pleurer jusqu'au soir, tant ce serait trop doux.

Complainte de la Lune en province

Jules Laforgue, 1860-1887

Nature – Voyage

Ah! la belle pleine Lune,
Grosse comme une fortune!

La retraite sonne au loin,
Un passant, monsieur l'adjoint;

Un clavecin joue en face,
Un chat traverse la place!

La province qui s'endort!
Plaquant un dernier accord,

Le piano clôt sa fenêtre.
Quelle heure peut-il bien être?

Calme Lune, quel exil!
Faut-il dire: ainsi soit-il?

Lune, ô dilettante Lune,
À tous les climats commune,

Tu vis hier le Missouri,
Et les remparts de Paris,

Les fiords bleus de la Norvège,
Les pôles, les mers, que sais-je ?

Lune heureuse ! ainsi tu vois,
À cette heure, le convoi

De son voyage de noce !
Ils sont partis pour l'Écosse.

Quel panneau [1], si, cet hiver,
Elle eût pris au mot mes vers !

Lune, vagabonde Lune,
Faisons cause et mœurs communes ?

Ô riches nuits ! je me meurs,
La province dans le cœur !

Et la lune a, bonne vieille,
Du coton dans les oreilles.

1. Piège

Le Chasseur d'images

Jules Renard, 1864 - 1910

Art poétique – Nature

Il saute du lit de bon matin, et ne part que si son esprit est net, son cœur pur et son corps léger comme un vêtement d'été. Il n'emporte point de provisions. Il boira l'air frais en route et reniflera les odeurs salubres. Il laisse ses armes à la maison et se contente d'ouvrir les yeux. Les yeux servent de filets où les images s'emprisonnent d'elles-mêmes.

La première qu'il fait captive est celle du chemin qui montre ses os, cailloux polis, et ses ornières, veines crevées, entre deux haies riches de prunelles et de mûres.

Il prend ensuite l'image de la rivière. Elle blanchit aux coudes et dort sous la caresse des saules. Elle miroite quand un poisson tourne le ventre, comme si on jetait une pièce d'argent, et, dès que tombe une pluie fine, la rivière a la chair de poule.

Il lève l'image des blés mobiles, des luzernes appétissantes et des prairies ourlées de ruisseaux. Il saisit au passage le vol d'une alouette ou d'un chardonneret. Puis il entre au bois. Il ne se savait pas doué de sens si délicats. Vite imprégné de parfums, il ne perd aucune sourde rumeur, et, pour qu'il communique avec les arbres, ses nerfs se lient aux nervures des feuilles.

Bientôt, vibrant jusqu'au malaise, il perçoit trop, il fermente, il a peur, quitte le bois et suit de loin les paysans mouleurs regagnant le village. Dehors, il fixe un moment, au point que son œil éclate, le soleil qui se couche et dévêt sur l'horizon ses lumineux habits, ses nuages répandus pêle-mêle.

Enfin, rentré chez lui, la tête pleine, il éteint sa lampe et longuement, avant de s'endormir, il se plaît à compter ses images.

Dociles, elles renaissent au gré du souvenir. Chacune d'elles qui s'agite en éveille une autre, et sans cesse leur troupe phosphorescente s'accroît de nouvelles venues, comme des perdrix poursuivies et divisées tout le jour chantent le soir, à l'abri du danger, et se rappellent au creux des sillons.

Le Chat

Jules Renard, 1864 - 1910

Animaux

Le mien ne mange pas les souris ; il n'aime pas ça.
Il n'en attrape une que pour jouer avec.
Quand il a bien joué, il lui fait grâce de la vie,
et il va rêver ailleurs, l'innocent, assis dans la boucle
de sa queue, la tête bien fermée comme un poing.
Mais, à cause des griffes, la souris est morte.

Les Fourmis

Jules Renard, 1864 - 1910

Insectes

Chacune d'elles ressemble au chiffre 3.
Et il y en a ! il y en a !
Il y en a 333333333333..... jusqu'à l'infini.

Le Papillon

Jules Renard, 1864 - 1910

Insectes

Ce billet doux plié en deux cherche une adresse de fleurs.

La Puce

Jules Renard, 1864 - 1910

Insectes

Un grain de tabac à ressort.

L'Escargot

Jules Renard, 1864 - 1910

Animaux

Dans la saison des rhumes, son cou de girafe rentré, l'escargot bout comme un nez plein.

La Pie

Jules Renard, 1864 - 1910

Oiseaux

Elle était toute noire ; mais elle a passé l'hiver dernier aux champs et il lui reste de la neige.

L'Araignée

Jules Renard, 1864 - 1910

Insectes

Une petite main poilue crispée sur des cheveux.

Hirondelles de cheminée

Jules Renard, 1864 - 1910

Oiseaux

Elles me donnent ma leçon de chaque jour.
Elles pointillent l'air de petits cris.

Elles tracent une raie droite, posent une virgule au bout, et, brusquement, vont à la ligne.

Elles mettent entre folles parenthèses la maison où j'habite.

Trop vives pour que la pièce d'eau du jardin prenne copie de leur vol, elles montent de la cave au grenier.

D'une plume d'aile légère, elles bouclent d'inimitables parafes.

Puis, deux à deux, en accolade, elles se joignent, se mêlent, et, sur le bleu du ciel, elles font tache d'encre.

Mais l'œil d'un ami peut seul les suivre, et si vous savez le grec et le latin, moi je sais lire l'hébreu que décrivent dans l'air les hirondelles de cheminée.

Famille d'arbres

Jules Renard, 1864 - 1910

Nature

C'est après avoir traversé une plaine brûlée de soleil que je les rencontre.

Ils ne demeurent pas au bord de la route, à cause du bruit. Ils habitent les champs incultes, sur une source connue des oiseaux seuls.

De loin, ils semblent impénétrables. Dès que j'approche, leurs troncs se desserrent. Ils m'accueillent avec prudence. Je peux me reposer, me rafraîchir, mais je devine qu'ils m'observent et se défient.

Ils vivent en famille, les plus âgés au milieu et les petits, ceux dont les premières feuilles viennent de naître, un peu partout, sans jamais s'écarter.

Ils mettent longtemps à mourir, et ils gardent les morts debout jusqu'à la chute en poussière

Ils se flattent de leurs longues branches, pour s'assurer qu'ils sont tous là, comme les aveugles. Ils gesticulent de colère si le vent s'essouffle à les déraciner. Mais entre eux aucune dispute. Ils ne murmurent que d'accord.

Je sens qu'ils doivent être ma vraie famille. J'oublierai vite l'autre. Ces arbres m'adopteront peu à peu, et pour le mériter

j'apprends ce qu'il faut savoir :
Je sais déjà regarder les nuages qui passent.
Je sais aussi rester en place.
Et je sais presque me taire

Petits Lapons

George Fourest, 1864 - 1945

Humour – Rêve et féerie – Voyage

Tous nos malheurs viennent de ne savoir
demeurer enfermés dans une chambre.
(Blaise Pascal)

Dans leur cahute enfumée
bien soigneusement fermée
les braves petits Lapons
boivent l'huile de poisson !

Dehors on entend le vent
pleurer ; les méchants ours blancs
grondent en grinçant des dents
et depuis longtemps est mort
le pâle soleil du Nord !
Mais dans la hutte enfumée
bien soigneusement fermée
les braves petits Lapons
boivent l'huile de poisson...

Sans rien dire, ils sont assis,
père, mère, aïeul, les six
enfants, le petit dernier
bave en son berceau d'osier[1] ;
leur bon vieux renne au poil roux
les regarde, l'air si doux !
Bientôt ils s'endormiront
et demain ils reboiront
la bonne huile de poisson,
et puis se rendormiront
et puis, un jour, ils mourront !
Ainsi coulera leur vie
monotone et sans envie…
et plus d'un poète envie
les braves petits Lapons
buveurs d'huile de poisson !

1. Y a-t-il de l'osier en Laponie ? Mystère et botanique (Note de l'auteur.)

Prière pour aller au Paradis avec les ânes

Francis Jammes, 1868-1938

Animaux – Guerre, mort

Lorsqu'il faudra aller vers vous, ô mon Dieu, faites
que ce soit par un jour où la campagne en fête
poudroiera. Je désire, ainsi que je fis ici-bas,

choisir un chemin pour aller, comme il me plaira,
au Paradis, où sont en plein jour les étoiles.
Je prendrai mon bâton et sur la grande route
j'irai, et je dirai aux ânes, mes amis :
Je suis Francis Jammes et je vais au Paradis,
car il n'y a pas d'enfer au pays du Bon-Dieu.
Je leur dirai : Venez, doux amis du ciel bleu,
pauvres bêtes chéries qui, d'un brusque mouvement d'oreille,
chassez les mouches plates, les coups et les abeilles…
Que je vous apparaisse au milieu de ces bêtes
que j'aime tant parce qu'elles baissent la tête
doucement, et s'arrêtent en joignant leurs petits pieds
d'une façon bien douce et qui vous fait pitié.
J'arriverai suivi de leurs milliers d'oreilles,
suivi de ceux qui portèrent au flanc des corbeilles,
de ceux traînant des voitures de saltimbanques
ou des voitures de plumeaux et de fer-blanc,
de ceux qui ont au dos des bidons bossués,
des ânesses pleines comme des outres, aux pas cassés,
de ceux à qui l'on met de petits pantalons
à cause des plaies bleues et suintantes que font
les mouches entêtées qui s'y groupent en ronds.
Mon Dieu faites qu'avec ces ânes je vous vienne.
Faites que, dans la paix, des anges nous conduisent
vers des ruisseaux touffus où tremblent des cerises
lisses comme la chair qui rit des jeunes filles,
et faites que, penché dans ce séjour des âmes,
sur vos divines eaux, je sois pareil aux ânes
qui mireront leur humble et douce pauvreté
à la limpidité de l'amour éternel.

J'aime l'âne...

Francis Jammes, 1868 - 1938

Animaux

J'aime l'âne si doux
marchant le long des houx.

Il prend garde aux abeilles
et bouge ses oreilles ;

et il porte les pauvres
et des sacs remplis d'orge.

Il va, près des fossés,
d'un petit pas cassé.

Mon amie le croit bête
parce qu'il est poète.

Il réfléchit toujours.
Ses yeux sont en velours.

Jeune fille au doux cœur,
Tu n'as pas sa douceur :

car il est devant Dieu
l'âne doux du ciel bleu.

Et il reste à l'étable,
fatigué, misérable,

ayant bien fatigué
ses pauvres petits pieds.

Il a fait son devoir
du matin jusqu'au soir.

Qu'as-tu fait jeune fille ?
Tu as tiré l'aiguille…

Mais l'âne s'est blessé :
la mouche l'a piqué.

Il a tant travaillé
que ça vous fait pitié.

Qu'as-tu mangé petite ?
– T'as mangé des cerises.

L'âne n'a pas eu d'orge
car le maître est trop pauvre.

Il a sucé la corde,
puis a dormi dans l'ombre…

La corde de ton cœur
n'a pas cette douceur.

Il est l'âne si doux
marchant le long des houx. [...]

La Salle à manger

Francis Jammes, 1868 - 1938

Enfance, souvenirs

Il y a une armoire à peine luisante
qui a entendu les voix de mes grand-tantes,
qui a entendu la voix de mon grand-père,
qui a entendu la voix de mon père.

À ces souvenirs l'armoire est fidèle.
On a tort de croire qu'elle ne sait que se taire,
car je cause avec elle.

Il y a aussi un coucou en bois.
Je ne sais pourquoi il n'a plus de voix.
Je ne veux pas le lui demander.
Peut-être bien qu'elle est cassée,
la voix qui était dans son ressort,
tout bonnement comme celle des morts.
Il y a aussi un vieux buffet
qui sent la cire, la confiture,
la viande, le pain et les poires mûres.
C'est un serviteur fidèle qui sait
qu'il ne doit rien nous voler.

Il est venu chez moi bien des hommes et des femmes
qui n'ont pas cru à ces petites âmes.
Et je souris que l'on me pense seul vivant
quand un visiteur me dit en entrant :
– Comment allez-vous, monsieur Jammes ?

Petite fille de Paris...

Comptine d'un anonyme

Voyage

Petite fille de Paris
Prête-moi tes souliers gris
Pour aller au Paradis
Nous irons un à un
Dans le chemin des Saints
Deux à deux
Dans le chemin des cieux

Le petit Jésus...

Comptine d'un anonyme

Humour

Le petit Jésus s'en va-t-à l'école
En portant sa croix
dessus son épaule.
Quand il savait sa leçon
On lui donnait des bonbons,
Une pomme douce
Pour mettre à sa bouche,
Un bouquet de fleurs
Pour mettre à son cœur.
C'est pour vous, c'est pour moi
Que Jésus est mort en croix.

Une araignée...

Comptine d'un anonyme

Humour

Une araignée
Sur le plancher
Se tricotait des bottes ;
Un limaçon
Dans un flacon
Enfilait sa culotte.

Je regarde au ciel :
Une mouche à miel
Pinçait sa guitare ;
Les rats tout confus
Sonnaient l'angélus
Au son de la fanfare.

Petite poulotte...

Comptine d'un anonyme

Humour

Petite poulotte a voulu mettre
Ses petits pieds parmi les miens.
Nos petits pieds se sont emmêlés,
Elle a pris les miens pour les siens.
Allons, belle, remettez-vous,
Reconnaissez vos petits genoux.

Un pou et une puce…

Comptine d'un anonyme

Humour

Un pou et une puce
Qui jouaient aux cartes,
Au jeu de piquet
Sur un tabouret.
Le pou a triché,
La puce en colère
Passe par-derrière
Et lui tire les cheveux
En disant : Mon vieux,
Tu n'es qu'un pouilleux !

J'te vends ma vache...

Comptine d'un anonyme

Humour

J'te vends ma vache
Bonne au beurre
Bonne au lait
Bonne au veau
Bonne à tout ce que tu voudras faire
Un plat d'morue
Marché conclu
Ma vache est vendue.

Une poule sur un mur...

Comptine d'un anonyme

Humour

Une poule sur un mur
Qui picote du pain dur
Picoti Picota
Lève la queue
Et puis s'en va.

Bonne fruitière...

Comptine d'un anonyme

Humour

Bonne fruitière, bonne rentière
Ma mère en mourant
M'a laissé cinq francs
C'est à la halle
Que je m'installe
C'est à Paris
Que je vends mes fruits
Pomme de reinette et pomme d'api
D'api d'api rouge
Pomme de reinette et pomme d'api
D'api d'api gris.

Pimpanicaille...

Comptine d'un anonyme

Humour

Pimpanicaille
Le roi des papillons
Se faisant la barbe
Se coupa le menton
1 2 3 de bois
4 5 6 de buis
7 8 9 de bœuf.

Marguerite...

Comptine d'un anonyme

Humour

Marguerite
Fleur petite,
Verte au pied,
Rouge autour,
Dis-moi quelles sont mes amours.
Il m'aime
Un peu,
Beaucoup,
Passionnément,
Pas du tout.

A B C D...

Comptine d'un anonyme

Humour

A B C D
Ma grand'mère est enterrée
Dans les choux et la porée
Trois petits chiens ont fait dessus
Ma grand'mère est revenue
Toute nue.

Quand le roi...

Comptine d'un anonyme

Humour

Quand le roi va-t-à la chasse
Il apporte des bécasses.
Il les plume, il les fricasse,
Il en donne à ses voisins
Dreling, dreling, dreling
Pouasse.

C'est la baleine...

Comptine d'un Anonyme

Humour

C'est la baleine qui court qui vire
Dans son joli petit navire
Prenez garde à la baleine
Elle va vous manger un doigt.

J'ai vu dans la lune...

Comptine d'un anonyme

Humour

J'ai vu dans la lune
Trois petits lapins
Qui mangeaient des prunes
Comme des petits coquins.
La pipe à la bouche, le verre à la main,
En disant : « Mesdames,
Versez-nous du vin, tout plein. »

J'entre…

Comptine d'un anonyme

Humour

J'entre dans un petit cabinet
J'y vois la Mort qui rôtissait
Je la prends par les pieds par la tête
Je la jette par la fenêtre
Ai-je bien fait mon maître ?
Prêchi-prêcha
Ma chemise entre mes bras.

Une jeune fille

Comptine d'un anonyme

Humour

Une jeune fille de quatre-vingt-dix ans,
En croquant des pommes
En croquant des pommes,
Une jeune fille de quatre-vingt-dix ans,
En croquant des pommes,
S'est cassé trois dents.

Frédéric

Comptine d'un anonyme

Humour

Frédéric
Ti tic
Dans sa petite boutique
Marchand d'allumettes
Dans sa petite brouette
S'en va-t-à la ville
Comme un imbécile
Les mains dans les poches
Comme un Espagnol.

Que lit Lili...

Virelangues d'un anonyme

Humour

Que lit Lili sous ces lilas-là ?
Lili lit l'Iliade.

*

Tonton, ton thé a-t-il ôté ta toux ?

*

Qu'a bu l'âne au lac ?
L'âne au lac a bu l'eau.

*

Pie a haut nid
Vache a pas nid
Rate en a
Taupe aussi
Qu'a l'homme ?

*

Mare y a
Cane y but
Pie n'osa
Chat rit d'elle.

*

Chat vit rôt
Chat mit patte à rôt
Rôt brûla chat
Chat lâcha rôt.

Mur usé...

Virelangue d'un anonyme

Humour

Mur usé
trou s'y fait
rat s'y met.

*

Angèle et Gilles
en gilet gèlent.

*

Je veux et j'exige
d'exquises excuses.

*

Suis-je chez ce cher Serge ?

*

Un chasseur
sachant chasser
doit savoir chasser
sans son chien.

*

Chose aisée :
six chats chauves
assis sur six souches
de sauge sèche.

*

Didon dîna dit-on
de dix dos dodus
de dix dodus dindons.

Poèmes

du 20e siècle

Prière à la mer

Saint-Pol Roux, 1861 - 1940

Éléments

Ô Mer, ancienne et jeune, gracieuse et farouche, reine des pavois de fête, souveraine des tempêtes, ô Mer, accorde ta miséricorde à ces pêcheurs venus pour déposer la caresse ingénue de leurs yeux sur la risée de ta joue bleue ! De grâce, reste la clémente envers les braves gâs à l'âme simple que voici, mains jointes et genoux pliés au fond de leurs chaloupes si petites parmi toi si grande, ô Mer des fils et des aïeux ! Daigne sourire aux soufflets pacifiques de nos avirons, souris encore à l'innocente égratignure de nos hameçons, puis qu'une brise sereine arrondisse en fruits mûrs bâbord ou tribord amures nos taillevents et nos misaines, et que ton cœur profond fasse taire là-bas marsouins et bélugas qui sont les ogres des sardines, mignons petits-poucets de l'abîme qui vont par bancs semblables à des tas d'argent et que les filles des usines serrent dans des boîtes mêmement qu'images, fleurs ou papillons dans le missel de leur première communion, et sois, Mer de Bretagne, sois hospitalière à ces filets qui nous font vivre afin que lourds on les retire de tes flancs féconds comme on tire un délivre où chante l'avenir! Enfin, les noirs démons de tes rafales, à jamais amarre-les dans les cavernes de ces côtes, fabuleuses grottes que tu fermeras avec les épaves, mâts brisés, gouvernails rompus, coques défoncées, de tous les navires engloutis depuis ta première colère, Océan, et que les coups d'aile des guilloux, des goélands, des mouettes et des cormorans signifient désormais sur nos fronts tes gestes d'espérance et de bénédiction!

Ainsi soit-il!

Extrait de « Féeries Intérieures » in *Les Reposoirs de la Procession*, © Éditions Rougerie

Ne…

André Spire, 1868-1966

Éléments - Nature

Quand je valais quelque chose,
Digue, digue, digue ;
Quand je valais quelque chose,

Ne touche pas au feu,
Me disait le grand oncle ;

N'ouvrez pas cette armoire,
Me disait la servante ;

N'approche pas du puits,
Me disait la grand-mère ;

Ne marche pas si vite,
Tu te mettras en nage ;

Ne cause pas en route,
Ne regarde pas en l'air ;

Ne regarde pas à droite,
Il y a la fleuriste ;

Ne regarde pas à gauche,
Il y a le libraire ;

Ne passe pas la rivière,
Ne monte pas la colline,
N'entre pas dans le bois.

Moi, j'ai pris mon chapeau
En éclatant de rire,
Mon manteau mon bâton
En chantant : digue, digue !
La rivière, la colline,
Les grands bois, digue, digue,
Digue digue, les beaux yeux,
Et digue, digue les livres !

in *Poèmes de Loire*, © Éditions Grasset

Poèmes bref de Paul Claudel, 1868-1955

Tu m'appelles la rose

Nature

Tu m'appelles la Rose
dit la Rose
mais si tu savais
mon vrai nom
je m'effeuillerais
aussitôt

*

Nous fermons les yeux

Nature

N ous
fermons les yeux
et la Rose dit
C'est
moi

*

Pas mes épines

Nature

pas qui me défendent
mes dit la Rose
épines c'est
mon parfu
m

*

Accroupi près du bocal

Animaux

Accroupi
près
du
bocal
Monsieur Chat
les yeux à demi fermés
dit
:
Je n'aime pas
le poisson

in *Cent phrases pour éventails*, © Éditions Gallimard

Philaminthe...

Franc-Nohain, 1873 - 1934

Humour – Rêve et féerie

Philaminthe hélas vous osâtes
Ne pas rester ce que vous êtes
Un jour vous rendîtes visite
Au coiffeur de la rue Cazotte
Et c'est le tort que vous eûtes

Air du poète

Léon-Paul Fargue, 1876 - 1947

Rêve et féerie

Au pays de Papouasie
J'ai caressé la Pouasie...
La grâce que je vous souhaite
C'est de n'être pas Papouète.

Berceuse de la chevrettre

Berceuse de Max Jacob, 1876-1944

Animaux

Ta mère est à la danse
ton père au cabaret
et moi je suis ici
à garder le petit.
Ta mère est à la danse
ton père au cabaret
et moi je suis ici
à tourner la bouillie.

J'avais une chevrette
elle donnait des coups
avec sa corne en tête
dans un arbre de houx
avec sa corne en tête
a découvert des sous
chevrette ma chevrette
cachés dedans un trou

S'en va trouver sa mère
« Qu'est-ce que vous en ferez ?
« donnez-les donc au maire
« ou à Monsieur l'curé
– Le curé et le maire
« ils en ont de Paris
« Ce s'ra pour ma bergère
« pour qu'elle ait un mari. »

Pour les enfants et pour les raffinés

Berceuse de Max Jacob, 1876 - 1944

Famille

A Paris
Sur un cheval gris
À Nevers
Sur un cheval vert
À Issoire
Sur un cheval noir
Ah ! qu'il est beau ! qu'il est beau !
Ah ! qu'il est beau ! qu'il est beau !
Tiou !

C'est la cloche qui sonne
Pour ma fille Yvonne.
Qui est mort à Perpignan ?
C'est la femm' du commandant !
Qui est mort à la Rochelle ?
C'est la nièce au colonel !
Qui est mort à Épinal ?
C'est la femme du caporal !
Tiou !

Et à Paris, papa chéri.
Fais à Paris ! qu'est-ce que tu me donnes à Paris ?

Je te donne pour ta fête
Un chapeau noisette
Un petit sac en satin
Pour le tenir à la main
Un parasol en soie blanche
Avec des glands sur le manche
Un habit doré sur tranche
Des souliers couleur orange
Ne les mets que le dimanche
Un collier, des bijoux
Tiou !

C'est la cloche qui sonne
Pour ma fille Yvonne !
C'est la cloche de Paris
Il est temps d'aller au lit
C'est la cloche de Nogent
Papa va en faire autant
C'est la cloche de Givet
Il est l'heure d'aller se coucher.
Ah ! non ! pas encore ! dis !

Achète-moi aussi une voiture en fer
Qui lève la poussière
Par devant et par derrière,
Attention à vous ! mesdames les gardes-barrière
Voilà Yvonne et son p'tit père
Tiou !

in « Les Œuvres burlesques et mystiques de Frère Matorel »
recueilli dans *Saint-Matorel*

Automne

Guillaume Apollinaire, 1880 - 1918

Temps, saisons

Dans le brouillard s'en vont un paysan cagneux
Et son bœuf lentement dans le brouillard d'automne
Qui cache les hameaux pauvres et vergogneux

Et s'en allant là-bas le paysan chantonne
Une chanson d'amour et d'infidélité
Qui parle d'une bague et d'un cœur que l'on brise

Oh ! l'automne l'automne a fait mourir l'été
Dans le brouillard s'en vont deux silhouettes grises

Saltimbanques

Guillaume Apollinaire, 1880 - 1918

Cirque

À Louis Dumur.

Dans la plaine les baladins
S'éloignent au long des jardins
Devant l'huis des auberges grises
Par les villages sans églises

Et les enfants s'en vont devant
Les autres suivent en rêvant
Chaque arbre fruitier se résigne
Quand de très loin ils lui font signe

Ils ont des poids ronds ou carrés
Des tambours des cerceaux dorés
L'ours et le singe animaux sages
Quêtent des sous sur leur passage

La Blanche Neige

Guillaume Apollinaire, 1880 - 1918

Éléments - Temps, saisons

Les anges les anges dans le ciel
L'un est vêtu en officier
L'un est vêtu en cuisinier
Et les autres chantent

Bel officier couleur du ciel
Le doux printemps longtemps après Noël
Te médaillera d'un beau soleil
D'un beau soleil

Le cuisinier plume les oies
Ah ! tombe neige
Tombe et que n'ai-je
Ma bien-aimée entre mes bras

Le Chat

Guillaume Apollinaire, 1880 - 1918

Animaux

Je souhaite dans ma maison :
Une femme ayant sa raison,
Un chat passant parmi les livres,
Des amis en toute saison
Sans lesquels je ne peux pas vivre.

in *Le Bestiaire ou Cortège d'Orphée* recueilli dans *Œuvres poétiques*, Bibliothèque de la Pléiade

Le Dromadaire

Guillaume Apollinaire, 1880 - 1918

Animaux

Avec ses quatre dromadaires
Don Pedro d'Alfaroubeira
Courut le monde et l'admira.
Il fit ce que je voudrais faire
Si j'avais quatre dromadaires.

in *Le Bestiaire ou Cortège d'Orphée* recueilli dans *Œuvres poétiques*, Bibliothèque de la Pléiade

La Chenille

Guillaume Apollinaire, 1880 - 1918

Insectes

Le travail mène à la richesse.
Pauvres poètes, travaillons !
La chenille en peinant sans cesse
Devient le riche papillon.

in *Le Bestiaire ou Cortège d'Orphée* recueilli dans *Œuvres poétiques*, Bibliothèque de la Pléiade

Images

Valery Larbaud 1881 - 1957

Voyage

I

Un jour, à Kharkow, dans un quartier populaire
(Ô cette Russie méridionale, où toutes les femmes
Avec leur châle blanc sur la tête, ont des airs de Madone !),
Je vis une jeune femme revenir de la fontaine,
Portant, à la mode de là-bas, comme du temps d'Ovide,
Deux seaux suspendus aux extrémités d'un bois
En équilibre sur le cou et les épaules.
Et je vis un enfant en haillons s'approcher d'elle et lui parler.
Alors, inclinant aimablement son corps à droite,
Elle fit en sorte que le seau plein d'eau pure touchât le pavé
Au niveau des lèvres de l'enfant qui s'était mis à genoux pour boire.

in Les *Poésies de A. O. Barnabooth*

La Complainte des trois poissons

(pour apprendre aux enfants la Morale et la Géographie... en couleurs)

Marie Noël, 1883-1967

Animaux

De trois poissons
Qui font le tour du monde,
De trois poissons,
Écoutez la chanson.

Maré, mari, moru,
Flouc !
Couli, coula, coulu,
Clouc !

Ils étaient nés
Un jour dans la mer Blanche,
Ils étaient nés
Un jour, bien étonnés.

Maré, mari, moru…

Ont navigué
Sept ans dans la mer Bleue,
Ont navigué
Sans être fatigués.

Maré, mari, moru…

Ont flanoché
Dans toutes les mers vertes,
Ont flanoché
Sous le nez des rochers.

Maré, mari, moru…

Ont trouvé l'or
Caché dans la mer Jaune,
Ont trouvé l'or,
Pour trois un seul trésor.

Maré, mari, moru…

Se sont battus
Trois jours dans la mer Rouge,
Se sont battus
Avec leurs nez pointus.

Maré, mari, moru…

S'en sont allés
Crever dans la mer Noire,
S'en sont allés
Pleins de chagrin salé.

Maré, mari, moru…

Tous ventre en l'air,
Ont chu dans la mer Morte,
Le ventre en l'air,
Dans le bouillon d'Enfer.

Maré, mari, moru…

Ces trois poissons,
À tous les gars du monde,
Ces trois poissons,
Qu'ils servent de leçon.

Les Fleurs du papier de la chambre

Jules Supervielle, 1884 - 1960

Enfance, souvenirs

Pour Anita.

« Nous sommes sur le mur
Et ne sommes pas dures,
Nous avons un parfum
Plus léger que nature
Et qui sent un jardin
Dans les pays futurs
Ou les pays anciens,
C'est là notre parure.
Et nous nous répétons,
Du parquet au plafond,
Crainte d'être incomprises,
Parce que nous n'avons
Ni fraîcheur ni saisons
Ciel, abeilles ni brises. »

Une main sur le mur,
C'est l'enfant qui s'éveille,
Elle a grand'peur, allume,
Le papier de la chambre
À soi-même est pareil,
Il veille et l'accompagne.
Le pied touche le bois
Du lit toujours sérieux
Qui lui dit dans ses voix :

…/…

« Ce n'est pas l'heure encore
De partir pour l'école. »
Anita se rendort
Dans le calme parfum
De son papier à fleurs
Dont les belles couleurs
Ignorant le repos
Dans la nuit, à tâtons,
Sans se tromper jamais
Élaborent l'aurore.

En ce temps-là...

Blaise Cendrars, 1887 - 1961

Voyage

En ce temps-là j'étais en mon adolescence
J'avais à peine seize ans et je ne me souvenais déjà plus de mon enfance
J'étais à 16 000 lieues du lieu de ma naissance
J'étais à Moscou, dans la ville des mille et trois clochers et des sept gares
Et je n'avais pas assez des sept gares et des mille et trois tours
Car mon adolescence était alors si ardente et si folle
Que mon cœur, tour à tour, brûlait comme le temple d'Éphèse
ou comme la Place Rouge de Moscou
Quand le soleil se couche.

Et mes yeux éclairaient des voies anciennes.
Et j'étais déjà si mauvais poète
Que je ne savais pas aller jusqu'au bout.

Le Kremlin était comme un immense gâteau tartare
Croustillé d'or,
Avec les grandes amandes des cathédrales toutes blanches
Et l'or mielleux des cloches…
Un vieux moine me lisait la légende de Novgorode
J'avais soif
Et je déchiffrais des caractères cunéiformes
Puis, tout à coup, les pigeons du Saint-Esprit s'envolaient sur la place
Et mes mains s'envolaient aussi, avec des bruissement d'albatros
Et ceci, c'était les dernières réminiscences du dernier jour
Du tout dernier voyage
Et de la mer. [...]

in *Prose du Transsibérien et de la petite Jeanne de France*

Îles

Blaise Cendrars, 1887 - 1961

Voyage

Îles
Îles
Îles où l'on ne prendra jamais terre
Îles où l'on ne descendra jamais
Îles couvertes de végétations
Îles tapies comme des jaguars
Îles muettes
Îles immobiles
Îles inoubliables et sans nom
Je lance mes chaussures par-dessus bord car
[je voudrais bien aller jusqu'à vous.

Dans le rapide de 19h40

Blaise Cendrars, 1887 - 1961

Voyage

Voici des années que je n'ai plus pris le train
J'ai fait des randonnées en auto
En avion
Un voyage en mer et j'en refais un autre un plus long

Ce soir me voici tout à coup dans ce bruit de chemin de fer
qui m'était si familier autrefois
Et il me semble que je le comprends mieux qu'alors

Wagon-restaurant
On ne distingue rien dehors
Il fait nuit noire
Le quart de lune ne bouge pas quand on le regarde
Mais il est tantôt à gauche, tantôt à droite du train

Le rapide fait du 110 à l'heure
Je ne vois rien
Cette sourde stridence qui me fait bourdonner les tympans
– le gauche en est endolori – c'est le passage d'une tranchée maçonnée
Puis c'est la cataracte d'un pont métallique
La harpe martelée des aiguilles la gifle d'une gare le double crochet
à la mâchoire d'un tunnel furibond

Quand le train ralentit à cause des inondations on entend
un bruit de water-chute et les pistons échauffés
de la cent tonnes au milieu des bruits de vaisselle
et de frein
Le Havre autobus ascenseur
J'ouvre les persiennes de la chambre d'hôtel
Je me penche sur les bassins du port et la grande lueur
froide d'une nuit étoilée
Une femme chatouillée glousse sur le quai
Une chaîne sans fin tousse geint travaille

Je m'endors la fenêtre ouverte sur ce bruit de basse-cour
Comme à la campagne

Les Cloches

Saint-John Perse, 1887 - 1975

Rêve et féerie

Vieil homme aux mains nues,
remis entre les hommes, Crusoé !
tu pleurais, j'imagine, quand des tours de l'Abbaye, comme un flux, s'épanchait le sanglot des cloches sur la Ville…

Ô Dépouillé !

Tu pleurais de songer aux brisants sous la lune ; aux sifflements de rives plus lointaines ; aux musiques étranges qui naissent et s'assourdissent sous l'aile close de la nuit,

pareilles aux cercles enchaînés que sont les ondes d'une conque, à l'amplification de clameurs sous la mer…

Le Parasol de chèvre

Saint-John Perse, 1887 - 1975

Rêve et féerie

Il est dans l'odeur grise de poussière, dans la soupente du grenier. Il est sous une table à trois pieds ; c'est entre la caisse où il y a du sable pour la chatte et le fût décerclé où s'entasse la plume.

L'Arc

Saint-John Perse, 1887 - 1975

Rêve et féerie

Devant les sifflements de l'âtre, transi sous ta houppelande à fleurs, tu regardes onduler les nageoires douces de la flamme. – Mais un craquement fissure l'ombre chantante : c'est ton arc, à son clou, qui éclate. Et il s'ouvre tout au long de sa fibre secrète, comme la gousse morte aux mains de l'arbre guerrier.

La Graine

Saint-John Perse, 1887 - 1975

Rêve et féerie

Dans un pot tu l'as enfouie, la graine pourpre
demeurée à ton habit de chèvre.
Elle n'a point germé.

in « Images à Crusoé » recueilli dans *Éloges*

Fétiche

Pierre Reverdy, 1889 - 1960

Rêve et féerie

Petite poupée, marionnette porte-bonheur, elle se débat à ma fenêtre, au gré du vent. La pluie a mouillé sa robe, sa figure et ses mains qui déteignent. Elle a même perdu une jambe. Mais sa bague reste, et, avec elle, son pouvoir. L'hiver elle frappe à la vitre de son petit pied chaussé de bleu et danse, danse de joie, de froid pour réchauffer son cœur, son cœur de bois porte-bonheur. La nuit, elle lève ses bras suppliants vers les étoiles.

Saltimbanques

Pierre Reverdy, 1889 - 1960

Cirque

Au milieu de cet attroupement il y a avec un enfant qui danse un homme qui soulève des poids. Ses bras tatoués de bleu prennent le ciel à témoin de leur force inutile.

L'enfant danse, léger, dans un maillot trop grand ; plus léger que les boules où il se tient en équilibre. Et quand il tend son escarcelle, personne ne donne. Personne ne donne de peur de la remplir d'un poids trop lourd. Il est si maigre.

Pour vivre ici

Paul Éluard, 1895 - 1952

Éléments

Je fis un feu, l'azur m'ayant abandonné,
Un feu pour être son ami,
Un feu pour m'introduire dans la nuit d'hiver,
Un feu pour vivre mieux.

Je lui donnai ce que le jour m'avait donné :
Les forêts, les buissons, les champs de blé, les vignes,
Les nids et leurs oiseaux, les maisons et leurs clés,
Les insectes, les fleurs, les fourrures, les fêtes.

Je vécus au seul bruit des flammes crépitantes,
Au seul parfum de leur chaleur ;
J'étais comme un bateau coulant dans l'eau fermée,
Comme un mort je n'avais qu'un unique élément.

Du fond des temps...

Chanson du poète Paul Éluard, 1895 - 1952

Enfance, souvenirs

Au fond des temps monte une berceuse ; qui berce-t-elle : une femme, un homme ou un enfant ? L'âge et le sexe importent peu. Ni le pays ni le mouvement. Le ciel et la terre sont complices. Il y a toujours une lumière qui s'éteint, une lumière qui s'éveille, un peu de vent, beaucoup de nuit, la solitude, la multitude, les fées, les nains et les géants et les infiniment petits, la mère qui n'est pas une dame, le père qui n'est pas un mari, l'enfant, son rire et ses sanglots, les hommes qui savent à peine marcher, les enfants qui savent tous danser, et dessiner, et jouer, jouer à mourir, toujours plus loin, toujours plus tard, car le jour ne peut pas finir, car la nuit ne peut pas finir, dodo, mon cœur, mon cœur d'enfant, et mon cœur d'homme...

Extrait de « L'enfance maîtresse » in *Les sentiers et les routes de la poésie*, recueilli dans *Œuvres complètes, tome II*, Bibliothèque de la Pléiade

Poisson

Paul Éluard, 1895 - 1952

Animaux

Les poissons, les nageurs, les bateaux
Transforment l'eau.
L'eau est douce et ne bouge
Que pour ce qui la touche.

Le poisson avance
Comme un doigt dans un gant,
Le nageur danse lentement
Et la voile respire.

Mais l'eau douce bouge
Pour ce qui la touche,
Pour le poisson, pour le nageur, pour le bateau
Qu'elle porte
Et qu'elle emporte.

in *Les animaux et leurs hommes, les hommes et leurs animaux*,
recueilli dans *Œuvres complètes, tome I*, Bibliothèque de la Pléiade

Et un sourire

Paul Éluard, 1895 - 1952

Sentiments

La nuit n'est jamais complète
Il y a toujours puisque je le dis
Puisque je l'affirme
Au bout du chagrin une fenêtre ouverte
Une fenêtre éclairée
Il y a toujours un rêve qui veille
Désir à combler faim à satisfaire
Un cœur généreux
Une main tendue une main ouverte
Des yeux attentifs
Une vie la vie à se partager.

in *Le Phénix*,

Monde

André Breton, 1896 - 1966

Enfance, souvenirs - Rêve et féerie

Dans le salon de madame des Ricochets
Les miroirs sont en grains de rosée pressés
La console est faite d'un bras dans du lierre
Et le tapis meurt comme les vagues
Dans le salon de madame des Ricochets
Le thé de lune est servi dans des œufs d'engoulevent
Les rideaux amorcent la fonte des neiges
Et le piano en perspective perdue sombre d'un seul bloc
dans la nacre
Dans le salon de madame des Ricochets
Des lampes basses en dessous de feuilles de tremble
Lutinent la cheminée en écailles de pangolin
Quand madame des Ricochets sonne
Les portes se fendent pour laisser passage aux servantes
en escarpolettes

Chanson dada

Chanson du poète Tristan Tzara, 1896 - 1963

Humour – Rêve et féerie

1

La chanson d'un dadaïste
qui avait dada au cœur
fatiguait trop son moteur
qui avait dada au cœur

l'ascenseur portait un roi
lourd fragile autonome
il coupa son grand bras droit
l'envoya au pape à Rome

c'est pourquoi
l'ascenseur
n'avait plus dada au cœur

mangez du chocolat
lavez votre cerveau
dada
dada
buvez de l'eau

2

la chanson d'un dadaïste
qui n'était ni gai ni triste
et aimait une bicycliste
qui n'était ni gaie ni triste

mais l'époux le jour de l'an
savait tout et dans une crise
envoya au vatican
leurs deux corps en trois valises

ni amant
ni cycliste
n'étaient plus ni gais ni tristes

mangez de bons cerveaux
lavez votre soldat
dada
dada
buvez de l'eau

3

la chanson d'un bicycliste
qui était dada de cœur
qui était donc dadaïste
comme tous les dadas de cœur

un serpent portait des gants
il ferma vite la soupape
mit des gants en peau d'serpent
et vint embrasser le pape

c'est touchant
ventre en fleur
n'avait plus dada au cœur

buvez du lait d'oiseaux
lavez vos chocolats
dada
dada
mangez du veau

Coq

Louis Aragon, 1897 - 1982

Oiseaux

Oiseau de fer qui dit le vent
Oiseau qui chante au jour levant
Oiseau bel oiseau querelleur
Oiseau plus fort que nos malheurs
Oiseau sur l'église et l'auvent
Oiseau de France comme avant
Oiseau de toutes les couleurs

Qui remonte…

Philippe Soupault, 1897 - 1990

Rêve et féerie

Qui remonte
l'orage
un ballon
lune de miel ou d'argent
Quatre à quatre
Recherchons les enfants
les parents des enfants
les enfants des enfants
les cloches du printemps
les sources de l'été
les regrets de l'automne
le silence de l'hiver
un éléphant dans sa baignoire
et les trois enfants dormant
singulière singulière histoire
histoire du soleil couchant

in *Chansons, 1921-1927*,

De quoi croyez-vous qu'il vivait ?

Philippe Soupault, 1897 - 1990

Humour - Rêve et féerie

De quoi croyez-vous qu'il vivait
(de victuailles et de boisson)
cet homme mûr cet homme
qui n'avait qu'une tête
qu'une tête et qu'un tronc
sur des jambes de coton

in *Chansons, 1921-1927*, droits réservés

La Belle Aventure

Comptine de Lise Deharme, 1898 - 1980

Rêve et féerie

En courant !

Dans le pré !

J'ai attrapé !

Deux petites fées !

grandes !

comme un dé à jouer !

Les voilà
dans une feuille
de magnolia.

L'une m'a dit :
Personne ne t'aime
du tout.
Ta robe de laine
ne brille pas au soleil
du tout
et tes yeux
couleur de lin
ne sont deux fleurs
que le matin
à cause de
la rosée.
Le soleil les éteint.
L'autre alors
m'a dit un secret :
Si tu mets
des boucles d'oreilles
tous les cœurs
se pendront
après !

Champs-Elysées

Comptine de Lise Deharme, 1898 - 1980

Animaux

Les petits ânes des Champs-Élysées
s'en vont le cœur tout apaisé
aux champs élysées des ânes
et je n'ai rien à ajouter.

Il était une petite pie

Comptine de Lise Deharme, 1898 - 1980

Oiseaux

Il était une petite pie
toujours au désespoir
et toujours dans son lit.
Elle était toute noire
mais quand même très jolie.
Elle partit à cheval
à cheval sur une souris
en revint au plus mal
et mourut dans son lit.

La Poule noire

Comptine de Lise Deharme, 1898 - 1980

Oiseaux

La poule noire
dans le potager
a crié
comme une enragée.
Les fermiers
sont allés la voir
elle a dit qu'il allait pleuvoir
on ne l'a pas crue lanturlu
et mon beau chapeau est perdu !

Le Cochon blond

Comptine de Lise Deharme, 1898 - 1980

Animaux

Le cochon blond
aime le jambon
il l'aime
jusqu'à l'indigestion.
Mais ce n'est pas bon
pour lui-même.

Totaux

Géo Norge, 1898 - 1989

Rêve et féerie

Ton temps têtu te tatoue.
T'as-ti tout tu de tes doutes ?
T'as-ti tout dû de tes dettes ?
T'as-ti tout dit de tes dates ?
T'a-t-on donc dompté ton ton ?
T'as-ti tâté tout téton ?
T'as-ti tenté tout tutu ?
T'es-ti tant ? T'es-ti titan ?
T'es-ti toi dans tes totaux ?

Tatata, tu tus ton tout.

La Faune

Géo Norge, 1898 - 1989

Animaux - Humour - Rêve et féerie

Et toi, que manges-tu, grouillant ?
– Je mange le velu qui digère le pulpeux
qui ronge le rampant.

Et toi, rampant, que manges-tu ?
– Je dévore le trottinant, qui bâfre l'ailé
qui croque le flottant.

Et toi, flottant, que manges-tu ?
– J'engloutis le vulveux qui suce le ventru
qui mâche le sautillant.

Et toi, sautillant, que manges-tu ?
– Je happe le gazouillant qui gobe le bigarré
qui égorge le galopant.

Est-il bon, chers mangeurs, est-il bon,
le goût du sang ?
– Doux, doux ! tu ne sauras jamais
Comme il est doux, herbivore !

J'irai veux-tu

Benjamin Péret, 1899 - 1988

Enfance, souvenirs

Il était une grande maison
sur laquelle nageait un scaphandre de feu

Il était une grande maison
ceinte de képis et de casques dorés

Il était une grande maison
pleine de verre et de sang

Il était une grande maison
debout au milieu d'un marécage

Il était une grande maison
dont le maître était de paille
dont le maître était un hêtre
dont le maître était une lettre
dont le maître était un poil
dont le maître était une rose
dont le maître était un soupir
dont le maître était un virage
dont le maître était un vampire
dont le maître était une vache enragée
dont le maître était un coup de pied
dont le maître était une voix caverneuse
dont le maître était une tornade
dont le maître était une barque chavirée

dont le maître était une fesse
dont le maître était la Carmagnole
dont le maître était la mort violente

Dites-moi où est la grande maison.

in *Autobiographie du surréalisme*, Jean Marcel, coll. « Le don des langues » © Éditions du Seuil

Emportez-moi

Henri Michaux, 1899 - 1984

Voyage

Emportez-moi dans une caravelle,
Dans une vieille et douce caravelle,
Dans l'étrave, ou si l'on veut dans l'écume,
Et perdez-moi, au loin, au loin.

Dans l'attelage d'un autre âge.
Dans le velours trompeur de la neige.
Dans l'haleine de quelques chiens réunis.
Dans la troupe exténuée des feuilles mortes.

Emportez-moi sans me briser, dans les baisers,
Dans les poitrines qui se soulèvent et respirent,
Sur les tapis des paumes et leur sourire,
Dans les corridors des os longs et des articulations.

Emportez-moi, ou plutôt enfouissez-moi.

in *Mes propriétés* recueilli dans *La nuit remue*

Dimanche à la campagne

Henri Michaux, 1899 - 1984

Humour - Rêve et féerie

Jarrettes et Jarnetons s'avançaient sur la route débonnaire.
Darvises et Potamons folâtraient dans les champs.
Une de parmegarde, une de tarmouise, une vieille paricaridelle ramiellée et foruse se hâtait vers la ville.
Garinettes et Farfalouves devisaient allégrement.
S'éboulissant de groupe en groupe, un beau Ballus de la famille des Bormulacés rencontra Zanicovette. Zanicovette sourit, ensuite Zanicovette, pudique, se détourna.

Hélas ! la paricaridelle, d'un coup d'œil, avait tout vu.
« Zanicovette ! » cria-t-elle. Zanicovette eut peur et s'enfuit.
Le vieux soleil entouré de nuages s'abritait lentement à l'horizon.
L'odeur de la fin du jour d'été se faisait sentir faiblement, mais profondément, futur souvenir indéfinissable dans les mémoires.
Les embasses et les ranoulements de la mer s'entendaient au loin, plus graves que tout à l'heure. Les abeilles étaient déjà toutes rentrées. Restaient quelques moustiques en goupil.
Les jeunes gens, les moins sérieux du village, s'acheminèrent à leur tour vers leur maisonnette.
Le village formait sur une éminence une éminence plus découpée. Olopoutre et paillоché, avec ses petits toits égrissés et croquets, il fendait l'azur comme un petit navire excessivement couvert, surponté et brillant, brillant !
La paricaridelle excitée et quelques vieilles coquillardes, sales rides et mauvaises langues, achactées à tout, épiaient les retardataires.
L'avenir contenait un sanglot et des larmes. Zanicovette dut les verser.

in « Entre centre et absence » issu de *Lointain intérieur* recueilli dans *Plume* précédé de *Lointain intérieur*

Le Feu

Poème bref de Francis Ponge, 1899 - 1988

Éléments

Le feu fait un classement : d'abord toutes les flammes se dirigent en quelque sens…

(L'on ne peut comparer la marche du feu qu'à celle des animaux : il faut qu'il quitte un endroit pour en occuper un autre ; il marche à la fois comme une amibe et comme une girafe, bondit du col, rampe du pied)…

Puis, tandis que les masses contaminées avec méthode s'écroulent, les gaz qui s'échappent sont transformés à mesure en une seule rampe de papillons.

La Grenouille

Francis Ponge, 1899 - 1988

Animaux

Lorsque la pluie en courtes aiguillettes rebondit aux prés saturés, une naine amphibie, une Ophélie manchote, grosse à peine comme le poing, jaillit parfois sous les pas du poète et se jette au prochain étang.

Laissons fuir la nerveuse. Elle a de jolies jambes. Tout son corps est ganté de peau imperméable. À peine viande ses muscles longs sont d'une élégance ni chair ni poisson. Mais pour quitter les doigts la vertu du fluide s'allie chez elle aux efforts du vivant. Goitreuse, elle halète… Et ce cœur qui bat gros, ces paupières ridées, cette bouche hagarde m'apitoyent à la lâcher.

Poèmes brefs de Rosette, dite « Marie-Rose de France » 1900-1944

Insectes – Nature

Petite fourmi toute seule
au milieu
que penses-tu de la chaise ?

*

De cet arbre nu
tout en bois
comment sortira-t-il des pommes ?

*

La tanaisie est une vieille marguerite
qui s'est trop demandé
« il m'aime un peu, beaucoup… »

*

Le volubilis
a brodé les portes du jardin
mais on peut passer par la haie

*

Qu'y a-t-il derrière ce grand mur ?
Et le vent répond :
« un jasmin ! »

Le Cancre

Jacques Prévert, 1900 - 1977

Enfance, souvenirs

Il dit non avec la tête
mais il dit oui avec le cœur
il dit oui à ce qu'il aime
il dit non au professeur
il est debout
on le questionne
et tous les problèmes sont posés
soudain le fou rire le prend
et il efface tout
les chiffres et les mots
les dates et les noms
les phrases et les pièges
et malgré les menaces du maître
sous les huées des enfants prodiges
avec des craies de toutes les couleurs
sur le tableau noir du malheur
il dessine le visage du bonheur.

En sortant de l'école

Jacques Prévert, 1900 - 1977

Voyage

En sortant de l'école
nous avons rencontré
un grand chemin de fer
qui nous a emmenés
tout autour de la terre
dans un wagon doré
Tout autour de la terre
nous avons rencontré
la mer qui se promenait
avec tous ses coquillages
ses îles parfumées
et puis ses beaux naufrages
et ses saumons fumés
Au-dessus de la mer
nous avons rencontré
la lune et les étoiles
sur un bateau à voiles
partant pour le Japon
et les trois mousquetaires des cinq doigts de la main
tournant la manivelle d'un petit sous-marin
plongeant au fond des mers
pour chercher des oursins
Revenant sur la terre
nous avons rencontré
sur la voie de chemin de fer

une maison qui fuyait
fuyait tout autour de la terre
fuyait tout autour de la mer
fuyait devant l'hiver
qui voulait l'attraper
Mais nous sur notre chemin de fer
on s'est mis à rouler
rouler derrière l'hiver
et on l'a écrasé
et la maison s'est arrêtée
et le printemps nous a salués
C'était lui le garde-barrière
et il nous a bien remerciés
et toutes les fleurs de toute la terre
soudain se sont mises à pousser
pousser à tort et à travers
sur la voie du chemin de fer
qui ne voulait plus avancer
de peur de les abîmer
Alors on est revenu à pied
à pied tout autour de la terre
à pied tout autour de la mer
tout autour du soleil
de la lune et des étoiles
À pied à cheval en voiture et en bateau à voiles.

Le Martin-Pêcheur

Robert Desnos, 1900 - 1945

Animaux

Quand Martin, Martin, Martin
Se lève de bon matin,
Le martin, martin-pêcheur
Se réveille de bonne heure.

Il va pêcher le goujon
Dans le fleuve, auprès des joncs,
Se régale d'alevins,
Boit de l'eau mais pas de vin.
Puis Martin, Martin, Martin,
Va dormir jusqu'au matin.
Je souhaite de grand cœur
Devenir martin-pêcheur.

in *Chantefables et Chantefleurs* © Éditions Gründ

La Sauterelle

Robert Desnos, 1900 - 1945

Insectes

Saute, saute, sauterelle,
Car c'est aujourd'hui jeudi.
Je sauterai, nous dit-elle,
Du lundi au samedi.

Saute, saute, sauterelle,
À travers tout le quartier.
Sautez donc, Mademoiselle,
Puisque c'est votre métier.

La Fourmi

Robert Desnos, 1900 - 1945

Insectes

Une fourmi de dix-huit mètres
Avec un chapeau sur la tête,
Ça n'existe pas, ça n'existe pas.
Une fourmi traînant un char
Plein de pingouins et de canards,
Ça n'existe pas, ça n'existe pas.

Une fourmi parlant français,
Parlant latin et javanais,
Ça n'existe pas, ça n'existe pas.
Eh ! Pourquoi pas ?

C'était un bon copain

Robert Desnos, 1900 - 1945

Humour - Sentiments

Il avait le cœur sur la main
Et la cervelle dans la lune
C'était un bon copain
Il avait l'estomac dans les talons
Et les yeux dans nos yeux
C'était un triste copain
Il avait la tête à l'envers
Et le feu là où vous pensez

Mais non quoi il avait le feu au derrière
C'était un drôle de copain
Quand il prenait ses jambes à son cou
Il mettait son nez partout
C'était un charmant copain
Il avait une dent contre Étienne
À la tienne Étienne à la tienne mon vieux
C'était un amour de copain
Il n'avait pas sa langue dans la poche
Ni la main dans la poche du voisin
Il ne pleurait jamais dans mon gilet
C'était un copain
C'était un bon copain.

in *Langage cuit* recueilli dans *Corps et biens* © Éditions Gallimard

Récitez-moi votre leçon

Comptine de Louise de Vilmorin, 1902 - 1969

Rêve et féerie

Récitez-moi votre leçon :
« L'oiseau se prend à l'hameçon,
Le poisson s'apprivoise et chante.
Le papillon est une plante
L'été ramène les grands froids. »
Je vous l'ai redit mille fois.

in *L'Alphabet des aveux* © Éditions Gallimard

Le Merlan et la Sardine

Fable de Pierre Béarn, né en 1902

Animaux

Un merlan cherchait à gober
une sardine sauvageonne,
il lui disait pour la tromper :
« Tu ressembles à la Madone ! »

Il lui vantait les châteaux d'eau
de ses parents d'Andalousie
dont il était porte-drapeau
de Gibraltar aux Canaries.

Mais la sardine était bretonne
et Lui ne parlait qu'andalou,
autant jouer du saxophone
quand on voudrait planter des clous.

in *L'Enfant et la Poésie* © Le Cherche-Midi éditeur

Poèmes brefs de Malcolm de Chazal, 1902-1981

Éléments

Le feu
Se lamentait
Que
Le bois
Ne le
Comprenait
Pas.

*

L'horizon
Ne fait
Jamais
Un pas
De trop.

*

Lans le vase
Ne dépasse
Pas
La hauteur
De ses reins.

in *Poèmes - Apparadoxes*, Éditions Léo Scheer, Paris, 2005 (édition originale : Jean-Jacques Pauvert éditeur, Paris, 1968, sous le titre *Poèmes*)

A toujours
Raison
Du vent.

Le Môme Néant

Jean Tardieu, 1903-1995

Rêve et féerie

Quoi qu'a dit ?
– A dit rin.

Quoi qu'a fait ?
– A fait rin.

À quoi qu'a pense ?
– A pense à rin.

Pourquoi qu'a dit rin ?
Pourquoi qu'a fait rin ?
Pourquoi qu'a pense à rin ?

– A'xiste pas.

Conseils donnés par une sorcière

Jean Tardieu, 1903-1995

Rêve et féerie

(À voix basse, avec un air épouvanté, à l'oreille du lecteur.)

Retenez-vous de rire
dans le petit matin !

N'écoutez pas les arbres
qui gardent les chemins !

Ne dites votre nom
à la terre endormie
qu'après minuit sonné !

À la neige, à la pluie
ne tendez pas la main !

N'ouvrez votre fenêtre
qu'aux petites planètes
que vous connaissez bien !

Confidence pour confidence :
vous qui venez me consulter,
méfiance, méfiance !
On ne sait pas ce qui peut arriver.

Il pleut

Raymond Queneau, 1903-1976

Humour – Rêve et féerie – Temps, saisons

Averse averse averse averse averse averse
pluie ô pluie ô pluie ô ! ô pluie ô pluie ô pluie !
gouttes d'eau gouttes d'eau gouttes d'eau gouttes d'eau
parapluie ô parapluie ô paraverse ô !
paragouttes d'eau paragouttes d'eau de pluie
capuchons pèlerines et imperméables
que la pluie est humide et que l'eau mouille et mouille !
mouille l'eau mouille l'eau mouille l'eau mouille l'eau
et que c'est agréable agréable agréable
d'avoir les pieds mouillés et les cheveux humides
tout humides d'averse et de pluie et de gouttes
d'eau de pluie et d'averse et sans un paragoutte
pour protéger les pieds et les cheveux mouillés
qui ne vont plus friser qui ne vont plus friser
à cause de l'averse à cause de la pluie
à cause de l'averse et des gouttes de pluie
des gouttes d'eau de pluie et des gouttes d'averse
cheveux désarçonnés cheveux sans parapluie

L'Ordre

Jean Follain, 1903 - 1971

Enfance, souvenirs

L'écolier qui balayait la classe
à tour de rôle était choisi
alors il restait seul
dans la crayeuse poussière
près d'une carte du monde
que la nuit refroidissait
quelquefois il s'arrêtait, s'asseyait
posant son coude sur la table aux entailles
inscrit dans l'ordre universel.

Un coin vert

Jean Follain, 1903 - 1971

Nature

Parfois reste une bête
douce et triste en un coin vert
personne ne sait
d'où elle vient
de ses pattes à doigts griffus
elle foule une fleur très petite
sans la voir
puis la nuit recouvre tout

L'Enfant conduit au cirque

Jean Follain, 1903-1971

Enfance, souvenirs – Cirque

A la voisine venue pour mener son enfant
au cirque dont roulaient les tambours
il ne faut pas disait la mère ardente
qu'il soit mis comme va-nu-pieds :
elle tendait donc les plis
du tablier noir
y grattant d'un ongle brisé
des larmes de boue.
Un soir de beauté descendait
qui s'épanouirait
à la fin du cirque
en grande nuit glacée.

in *Usage du temps*, © Éditions Gallimard

Après-Demain

Jehan Mayoux, 1904-1975

Rêve et féerie

Quand je serai caillou
j'irai dormir la nuit dans les soupières
et le jour dans les sacs à main

Quand je serai portemanteau
je bêlerai toute l'après-midi

Quand je serai tiroir
je sifflerai en traversant les rues

Quand je serai léopard
j'aurai de beaux souliers en daim

Quand je serai porte de prison
je pêcherai à la dynamite

Quand je serai ver de terre
on aura peur de moi sur les boulevards

Quand je serai planche à pain
je téléphonerai à mes amis

Quand je serai une boule de verre
je lécherai les murs.

Quand je serai couteau
j'apprivoiserai la dentelle

Quand je serai oiseau
je détruirai les nids d'hirondelles

Quand je serai enclume
je laverai mon linge à la rivière

Quand je serai bouchon
je ferai les cent pas

Quand je serai plat à barbe
je mordrai les chiens

Quand je serai manche à balai
je sauterai des fenêtres sur le toit des tramways
en marche

Quand je serai lapin de garenne
j'écrirai avec de l'encre de seiche

Mon gâteau…

Comptine de Paul Gilson, 1904 - 1963

Rêve et féerie

Mon gâteau parle pour six sous
Prenez un sac plein de froment
Ajoutez treize merles blancs
Et faites-les cuire à feu doux
Mais lorsqu'on coupe le pâté
Tous les merles blancs de chanter
Voilà sans doute un plat de choix
Qu'on pourrait présenter au roi

Le roi derrière son bureau
Goûtait le sel de ses impôts
La reine à l'ombre du parloir
Gobait ses perles de sautoir
La dame d'honneur au jardin
Perdait ses souliers de satin
Ce fut alors qu'un merle blanc
Picora son nez en chantant.

Old Moll Drummer la sorcière…

Comptine de Paul Gilson, 1904 - 1963

Rêve et féerie

Old Moll Drummer la sorcière
habitait un vieux chausson
La boucle servait de portière
et Moll vivait sur le talon
Mais elle avait tant de garçons
qu'elle ne savait qu'en faire
et leur donnait pour les distraire

le soir du bouillon sans pain
le martinet chaque matin
Les enfants en conseil de guerre
un jour mangèrent le chausson
ils tuèrent aussi leur mère
car Old Moll Drummer la sorcière
ne quittait jamais sa maison.

Le Colporteur

Maurice Fombeure, 1906 - 1981

Voyage

Le Colporteur
Qui vend des épinglettes
Des savonnettes
Et du papier à beurre,

Et des images
Où l'on voit des gendarmes
À grand bicorne
À la moustache en fleur

Et Cendrillon
Et la ronde des fées,
La pie noire et blanche
Et le grillon
Qui vit toujours caché,

Reviendra-t-il
Au début du printemps ?
Et l'hirondelle
Reviendra-t-elle ?

Reviendra-t-il
Car je l'attends
De tout mon cœur
Le Colporteur.

Robinson

Jean Ferry, 1906 - 1976

Humour - Rêve et féerie

Quand, après en avoir fait le tour, je me fus assuré que l'île était parfaitement déserte, je ne tombai pas à genoux sur les arènes de la grève en versant des larmes amères. Je me mis aussitôt à ne pas labourer, semer, creuser des troncs d'arbres, tarabuster un perroquet jusqu'à ce qu'il fût capable de prononcer correctement le mot « Espoir ». Je jetai ma longue-vue à la mer, et je ne mis pas de clôture autour de mon domaine. La marée ayant ramené avec elle de nombreuses épaves du navire, fort utiles à un naufragé, j'allai, pour ne plus les voir, m'installer de l'autre côté de l'île. Puis ayant découvert une caverne profonde, inaccessible, sourde, aveugle, muette et tapissée de sable sec, je me mis à dormir comme j'ai envie de dormir depuis toujours, sans que la vie ait bien voulu me le permettre : en épaisseur.

Quelques minutes plus tard, les sauveteurs étaient là, et, ravis, me frappèrent à l'épaule pour me réveiller.

in *Le Mécanicien et autres contes*,

Image

Eugène Guillevic, 1907 - 1997

Animaux et insectes - Nature

Sous les herbes, ça se cajole,
Ça s'ébouriffe et se tripote,
Ça s'étripe et se desélytre,
s'entregrouille et s'entrefouille,
s'écrabouille et se barbouille,
se mouille et se déverrouille,
se dérouille et se farfouille,
s'épouille et se tripatouille.

Et du calme le pré
Est la classique image.

Extrait de *Lire Guillevic* (dir. Serge Gaubert)

J'ai bâti l'idéale maison

André Frénaud, 1907 - 1993

Enfance, souvenirs

À Élisabeth Rohmer

Je l'ai proférée en pierres sèches, ma maison,
pour que les petits chats y naissent dans ma maison,
pour que les souris s'y plaisent dans ma maison.
Pour que les pigeons s'y glissent, pour que la mi-heure y mitonne,
quand de gros soleils y clignent dans les réduits.
Pour que les enfants y jouent avec personne,
c'est-à-dire avec le vent chaud, les marronniers.

C'est pour cela qu'il n'y a pas de toit sur ma maison,
ni de toi ni de moi dans ma maison,
ni de captifs, ni de maîtres, ni de raisons,
ni de statues, ni de paupières, ni la peur,
ni des armes, ni des larmes, ni la religion,
ni d'arbres, ni de gros murs, ni rien que pour rire.
C'est pour cela qu'elle est si bien bâtie, ma maison.

Il y a de quoi dans ma maison

André Frénaud, 1907 - 1993

Enfance, souvenirs

Il y a de quoi boire et de gros biftecks dans ma maison.
De quoi rire et de quoi s'aimer et de quoi pas.
De quoi passer sa rage et apaiser son temps.
De quoi faire attention et de n'y prendre garde.
Des fenêtres pour obstruer, des portes qui ferment clair.
Des arbres sans horizon et des beaux. Des bêtes à toutes voix.

Il y a place pour des animaux anges dans ma maison.
Pour des anneaux parfaits, pour les rêves qui débordent.
Pour de petits cœurs, du genre : soupirs de veau.
Place pour le feu et pour les pierres.
Pour du nuage en foule et pour la dent des rats.
Il y aura place pour nous y étendre.

La Sorgue

René Char, 1907 - 1988

Éléments

Chanson pour Yvonne

Rivière trop tôt partie, d'une traite, sans compagnon,
Donne aux enfants de mon pays le visage de ta passion.

Rivière où l'éclair finit et où commence ma maison,
Qui roule aux marches d'oubli la rocaille de ma raison.

Rivière, en toi terre est frisson, soleil anxiété.
Que chaque pauvre dans sa nuit fasse son pain de ta moisson.

Rivière souvent punie, rivière à l'abandon.

Rivière des apprentis à la calleuse condition,
Il n'est vent qui ne fléchisse à la crête de tes sillons.

Rivière de l'âme vide, de la guenille et du soupçon,
Du vieux malheur qui se dévide, de l'ormeau, de la compassion.

Rivière des farfelus, des fiévreux, des équarrisseurs,
Du soleil lâchant sa charrue pour s'acoquiner au menteur.

Rivière des meilleurs que soi, rivière des brouillards éclos,
De la lampe qui désaltère l'angoisse autour de son chapeau.

Rivière des égards au songe, rivière qui rouille le fer,
Où les étoiles ont cette ombre qu'elles refusent à la mer.

Rivière des pouvoirs transmis et du cri embouquant les eaux,
De l'ouragan qui mord la vigne et annonce le vin nouveau.

Rivière au cœur jamais détruit dans ce monde fou de prison,
Garde-nous violent et ami des abeilles de l'horizon.

in « La Fontaine narrative » recueilli dans *Fureur et Mystère*

Qu'il vive !

René Char. 1907 - 1988

Sentiments

Ce pays n'est qu'un vœu de l'esprit,
un contre-sépulcre.

Dans mon pays, les tendres preuves du printemps et les oiseaux mal habillés sont préférés aux buts lointains.

La vérité attend l'aurore à côté d'une bougie. Le verre de fenêtre est négligé. Qu'importe à l'attentif.

Dans mon pays, on ne questionne pas un homme ému.

Il n'y a pas d'ombre maligne sur la barque chavirée.

Bonjour à peine, est inconnu dans mon pays.

On n'emprunte que ce qui peut se rendre augmenté.

Il y a des feuilles, beaucoup de feuilles sur les arbres de mon pays. Les branches sont libres de n'avoir pas de fruits.

On ne croit pas à la bonne foi du vainqueur.

Dans mon pays, on remercie.

Les Dernières Paroles du poète

René Daumal, 1908 - 1944

Art poétique

D'un fruit qu'on laisse pourrir à terre, il peut encore sortir un nouvel arbre. De cet arbre, des fruits nouveaux par centaines.

Mais si le poème est un fruit, le poète n'est pas un arbre. Il vous demande de prendre ses paroles et de les manger sur-le-champ. Car il ne peut, à lui tout seul, produire son fruit. Il faut être deux pour faire un poème. Celui qui parle est le père, celui qui écoute est la mère, le poème est leur enfant. Le poème qui n'est pas écouté est une semence perdue. Ou encore : celui qui parle est la mère, le poème est l'œuf et celui qui écoute est fécondateur de l'œuf. Le poème qui n'est pas écouté devient un œuf pourri.

L'Oiseau vert

Marcel Béalu, 1908 - 1993

Animaux - Oiseaux - Rêve et féerie

J'ai connu un oiseau vert
Qu'on appelait Arnica
Il mangeait du seringa
Dans une assiette à dessert

J'ai connu un éléphant
Qui s'appelait Souris Blanche
Il se mourait d'amour pour
Un âne appelé Dimanche

Il y eut un petit pape
Qu'on appelait Papillon
Il avait le bras si long
Qu'on en fit une soupape

Oiseau bel oiseau joli
Qui te prêtera sa cage
La plus sage
La moins sage
Ou le roi d'Astragolie.

Rondel pour rire

Marcel Béalu, 1908 - 1993

Rêve et féerie – Voyage

Chacun s'en va de son côté
Voilà comment finit la ronde
Ma tante Amélie qu'était blonde
S'en est allée à Santa-Fé

Mon oncle Jean s'est fait curé
Au paradis va tant de monde
Chacun s'en va de son côté
Voilà comment finit la ronde

Quand Irène m'aura quitté
Moi je m'en irai vers Golconde
Le ciel est bleu la terre est ronde
Chacun s'en va de son côté.

Enfants de Septembre

Patrice de La Tour du Pin, 1911 - 1975

Oiseaux - Nature - Temps, saisons

À Jules Supervielle

Les bois étaient tout recouverts de brumes basses,
Déserts, gonflés de pluie et silencieux :
Longtemps avait soufflé ce vent du Nord où passent
Les Enfants Sauvages, fuyant vers d'autres cieux,
Par grands voiliers, le soir, et très haut dans l'espace.

J'avais senti siffler leurs ailes dans la nuit.
Lorsqu'ils avaient baissé pour chercher les ravines
Où tout le jour, peut-être ils resteront enfouis ;
Et cet appel inconsolé de sauvagine
Triste, sur les marais que les oiseaux ont fuis.

Après avoir surpris le dégel de ma chambre,
À l'aube je gagnai la lisière des bois :
Par une bonne lune de brouillard et d'ambre,
Je relevai la trace, incertaine parfois,
Sur le bord d'un layon d'un Enfant de Septembre.

Les pas étaient légers et tendres, mais brouillés,
Ils se croisaient d'abord au milieu des ornières
Où dans l'ombre, tranquille, il avait essayé
De boire, pour reprendre ces jeux solitaires
Très tard, après le long crépuscule mouillé.

Et puis ils se perdaient plus loin, parmi les hêtres
Où son pied ne marquait qu'à peine sur le sol :
Je me suis dit : il va s'en retourner peut-être
À l'aube, pour chercher ses compagnons de vol,
En tremblant de la peur qu'ils aient pu disparaître…

Il va certainement venir dans ces parages
À la demi-clarté qui monte à l'orient,
Avec les grandes bandes d'oiseaux de passage
Et les cerfs inquiets qui cherchent dans le vent
L'heure d'abandonner le calme des gagnages.

Le jour glacial s'était levé sur les marais :
Je restais accroupi dans l'attente illusoire,
Regardant défiler la faune qui rentrait
Dans l'ombre, les chevreuils peureux qui venaient boire
Et les corbeaux criards aux cimes des forêts.

Et je me dis : je suis un Enfant de Septembre,
Moi-même par le cœur, la fièvre et l'esprit
Et la brûlante volupté de tous mes membres,
Et le désir que j'ai de courir dans la nuit,
Sauvage, ayant quitté l'étouffement des chambres !
Il va certainement me traiter comme un frère,
Peut-être me donner un nom parmi les siens ;
Mes yeux le combleraient d'amicales lumières
S'il ne prenait pas peur, en me voyant soudain
Les bras ouverts, courir vers lui dans la clairière.

Farouche, il s'enfuira comme un oiseau blessé,
Je le suivrai jusqu'à ce qu'il demande grâce,

Jusqu'à ce qu'il s'arrête en plein ciel, épuisé,
Traqué jusqu'à la mort, vaincu, les ailes basses
Et les yeux résignés à mourir, abaissés.

Alors je le prendrai dans mes bras, endormi,
Je le caresserai sur la pente des ailes
Et je ramènerai son petit corps, parmi
Les roseaux, rêvant à des choses irréelles,
Réchauffé tout le temps par mon sourire ami…

Mais les bois étaient recouverts de brumes basses
Et le vent commençait à remonter au Nord,
Abandonnant tous ceux dont les ailes sont lasses,
Tous ceux qui sont perdus et tous ceux qui sont morts,
Qui vont par d'autres voies en de mêmes espaces !

Et je me dis : ce n'est pas dans ces pauvres landes
Que les enfants de Septembre vont s'arrêter :
Un seul qui se serait écarté de sa bande
Aurait-il en un soir compris l'atrocité
De ces marais déserts et privés de Légende ?

in *La Quête de joie*

Carignosse le bossu

Comptine de Michel Manoll, 1911 - 1984

Sentiments – Animaux

Carignosse le bossu
Avec la corde a pendu
Un archer qui passe
L'emmène à la chasse
Les bois sont feuillus
L'oiseau bleu s'est tu.

Un, deux, trois
C'est toi
Qui l'auras voulu.

Souvenir de Jules Verne

Henri Thomas, 1912 - 1993

Rêve et féerie - Voyage

Richmond, Richmond ! le vent d'est portait à la mer
un ballon tout chargé d'audace et de science,
tenez bon au milieu des tempêtes de l'air,
Gédéon, Cyrus Smith, et toi, naïf Herbert !

La première fumée à travers les feuillages,
espérance ! La mer, au seuil noir des cavernes
se retire, jetant des outils sur la plage,
marteau, fusil, sextant des naufrages modernes.

Ayrton grimpe par la chaîne jusqu'au hublot
pour épier dans le navire les rebelles
qui veillent, compulsant la carte des îlots,
les câbles geignent dans le noir, Ayrton ruisselle...
Du fond de cette rue éternelle où je vois
jour après jour neiger le même espace froid,
ô Jules Verne, si jamais j'ai découvert
au-delà des toits gris l'image de la mer,
c'est par le livre à l'odeur vieille, bien avant
les fatigues, l'ennui, le plaisir attristant,
et la haine envers moi-même, devant des flots
vrais mais indifférents, dans les étés trop beaux,
quand je cherchais languissamment la terre absente,
celle dont les colons inspectaient chaque pente,
ô rubans au chapeau de Pancroff dans le vent
du Pacifique sud, ô capitaine Grant !

Il m'a dit…

Edmond Jabès, 1912 - 1991

Sentiments

Il m'a dit :
Ma race est la race jaune ;
J'ai répondu :
Je suis de ta race.

Il m'a dit :
Ma race est la race noire.
J'ai répondu :
Je suis de ta race.

Il m'a dit :
Ma race est la race blanche.
J'ai répondu :
Je suis de ta race ;

car mon soleil fut l'étoile jaune
car je suis enveloppé de nuit ;
car mon âme, comme la pierre de la loi
est blanche.

L'Illettré

Armand Robin, 1912 - 1961

Nature

Devant les bois, les blés j'étais béat benêt :
Je lisais ce qui ne se lit pas :
Les nuages, les vents, les rochers, les ébats
De la lune dans les bois.

Et le ciel avec son grand étang courbé
Où le soleil tout le jour accroît son caillou,
Onde par onde, et le déferlement changeant
Des nuages disposaient de moi.

Les arbres tournaient lentement en moi
Leurs pages tantôt bruyantes, tantôt muettes,
Tantôt épaisses et jaunies, les saisons
Me donnaient des leçons.

On n'est pas n'importe qui

Jean Rousselot, né en 1913

Nature

Quand tu rencontres un arbre dans la rue, dis-lui bonjour
sans attendre qu'il te salue. C'est distrait, les arbres.

Si c'est un vieux, dis-lui « Monsieur ». De toute façon,
appelle-le par son nom : Chêne, Bouleau, Sapin, Tilleul…
Il y sera sensible.
Au besoin, aide-le à traverser. Les arbres, ça n'est pas
encore habitué à toutes ces autos.

Même chose avec les fleurs, les oiseaux, les poissons :
appelle-les par leur nom de famille. On n'est pas
n'importe qui ! Si tu veux être tout à fait gentil, dis
« Madame la Rose » à l'églantine ; on oublie un peu
trop qu'elle y a droit.

Il va pleuvoir…

Comptine de Luc Bérimont, 1915 - 1983

Temps, saisons

Il va pleuvoir
Les marronniers sont noirs

S'il tombe de l'eau, bernique
Je pars pour la Martinique

S'il tombe du vin c'est bien
J'en remplis un cruchon plein

S'il arrive de la grêle
C'est tant pis pour les ombrelles

Mais s'il tombe de la neige ?
S'il en tombe, alors, que fais-je ?…

Pomme et Poire...

Comptine de Luc Bérimont, 1915 - 1983

Fruits

Pomme et poire
Dans l'armoire

Fraise et noix
Dans le bois

Sucre et pain
Dans ma main

Plume et colle
Dans l'école

Et le faiseur de bêtises
Bien au chaud dans ma chemise.

Soir de pluie

Alain Borne, 1915 - 1962

Temps, saisons

Ne regrette pas que la nuit soit venue plus tôt avec l'ondée
le beau noir pluvieux du velours de l'été
enserre la terre
ne regrette pas la lumière…
les formes sont mortes
les arbres se figent au-delà des vitres

Il n'y a plus que la petite lampe de la chambre
et ce papier où je vois trembler d'autres temps
écoute le sable blessé :
plus aucun pas sur l'allée
écoute l'air :
plus aucun vol, plus aucun vent
écoute la pensive pluie aveugle tâtonner

« Voici, dit-elle, la terre tiède
voici ses feuilles et ses maisons
voici l'odeur de ses moissons
et la margelle brûlée des puits
voici dit-elle je viens avec la nuit
blanche sur son front noir »

écoute le destin entravé qui frappe
ta vie se ferme : ouvre la porte à ton enfance.

L'Enfant

Loys Masson, 1915 - 1969

Enfance, souvenirs

Le fils qui nous viendra un jour nous l'élèverons pour les barricades
si la justice n'est encore pas de ce monde.
Il marchera dans l'ombre des martyrs, camarade des fleuves, des forêts, des sillons
Une bonace le suivra comme un ange lent sur les hécatombes
lui portant ses armes : le grain, l'eau, le miel et le pardon.
Paisible sera son visage comme fut notre visage aux jours de tyrannie
quand mésange d'un chant libre vous étiez plus forte que le malheur
et qu'aux errants chaque soir votre cœur ouvrait notre maison sur les glacis.
On l'appellera Enfant, puis il grandira plus haut qu'un chêne des bois
Ses bras seront des rameaux où nid des anciens jours notre amour se balancera
À l'appel des pauvres sa voix lèvera comme un silo
on vous y trouvera veillant tendre sorgho des temps passés.

Il fait soleil sur les bourreaux.
Mais quand le ciel est doux comme aujourd'hui, à peine teinté de vert sur les collines,
quand l'été transporte en ses serres un vent léger aux senteurs de mousse et de vétiver,

j'écoute le râle des prisons venir de cent lieues
s'éteindre aux genoux de notre enfant.
– Il jette au feu de la liberté une brassée de sarments
La flamme et ses yeux comme trois étoiles montent en cantique
vers l'étoile sereine de votre front.

L'Enfant qui est dans la lune

Claude Roy, 1915-1998

Enfance, souvenirs - Jour et nuit

Cet enfant, toujours dans la lune,
s'y trouve bien, s'y trouve heureux.

Pourquoi le déranger ? La lune
est un endroit d'où l'on voit mieux.

Le Secret

René de Obaldia, né en 1918

Rêve et féerie

Sur le chemin près du bois
J'ai trouvé tout un trésor :
Une coquille de noix
Une sauterelle en or
Un arc-en-ciel qu'était mort.

À personne je n'ai rien dit
Dans ma main je les ai pris
Et je l'ai tenue fermée
Fermée jusqu'à l'étrangler
Du lundi au samedi.

Le dimanche l'ai rouverte
Mais il n'y avait plus rien !
Et j'ai raconté au chien
Couché dans sa niche verte
Comme j'avais du chagrin.

Il m'a dit sans aboyer :
« Cette nuit, tu vas rêver. »
La nuit, il faisait si noir
Que j'ai cru à une histoire
Et que tout était perdu.

Mais d'un seul coup j'ai bien vu
Un navire dans le ciel
Traîné par une sauterelle
Sur des vagues d'arc-en-ciel !

Le Guépard

Jean L'Anselme, né en 1919

Animaux – Humour

Le guépard est une magnifique bête de l'espèce des félidés. Mais, à l'encontre des animaux de cette famille, il ne possède pas des griffes mais des ongles, comme le chien.

Sa course est superbe ; c'est un spectacle inoubliable mais fort rare car généralement on court devant.

Un chien

Jean L'Anselme, né en 1919

Animaux – Guerre, mort

Un chien mourait doucement
son regard ne parlait rien d'autre
que d'une chose infinie incompréhensible
comme une mélancolie
on le soigna pour les reins et pour le foie
et pour les poumons et pour l'intestin
et pour les pieds et pour la tête
et on lui opéra même le regard

On sut trop tard qu'il attendait son maître.

Elle naît en moi…

Georges Bonnet, né en 1919

Art poétique

Elle naît en moi
toujours de fatigues ou de désirs
trop longtemps amoncelés
d'une pitié d'une colère
de la conjuration des morts
parfois d'humbles choses
qui ont peur d'entrer dans le temps
d'une pomme précédée de son odeur
de bêtes cloîtrées
en leur vie de feuilles mortes
de terres et de collines solitaires
elle revient comme un chemin
où l'on repose chaque jour
ses pas dans ses pas
comme un setter à l'automne
retrouve en sa folie l'odeur du gibier
Cette merveilleuse
et terrible nécessité d'écrire

Cinq images d'enfance

Georges Bonnet, né en 1919

Enfance, souvenirs

Accolée à la salle de classe, il y avait une pièce sans mobilier, hormis un banc circulaire percé de trous à encrier. Les élèves punis l'enfourchaient et, à plat ventre, écrivaient cent fois un mot barbare ou un verbe à tous les temps, l'esprit et le corps à la torture.
Sur le seuil, bruissaient en toutes saisons quelques feuilles mortes.

*

L'ortie régnait en despote derrière la porcherie sur des détritus, des faïences et des bouteilles brisées, des outils devenus inutiles, des madriers de bois décomposé.

Le purin s'écoulait vers un fossé, sous des ronces à l'œil vif.

*

Les tuiles de la maison, souvent déplacées par les chats et les oiseaux, résistaient peu aux pluies d'orage. En des points précis étaient disposés sur le plancher du grenier des récipients de toutes sortes, plats ébréchés, cuvettes au rebut, bassines déformées, qui rendaient des sons aigus ou graves, mornes ou chantants, lorsque l'eau à des rythmes variés tombait goutte à goutte.

Pour donner un peu de jour il fallait retirer le rondin qui calait le volet vermoulu de la lucarne. Le ciel accourait, infatigable.

*

Lors des grands froids, l'eau des fossés gelait et la prairie se couvrait de neige.

Pour affronter la nuit les chambres sans feu, des briques étaient mises à chauffer dans le four de la cuisinière, puis glissées dans une chaussette de laine.

Elles répandaient longtemps entre les draps leur chaleur, pour se donner à l'aube, encore tièdes comme un oiseau.

*

L'été, le jardin suffoquait puis s'apaisait au moindre souffle. Au plus fort de la chaleur, un cri parfois faisait tressaillir. C'était la fille du voisin qui n'avait plus sa raison, tuait les oiseaux et les chats et mangeait la cendre. L'horloge de la cuisine battait les secondes. Au verger quelques fruits déjà rejoignaient la terre.

in *Inédits* © Georges Bonnet

Pour ne plus te perdre

Gisèle Prassinos, née en 1920

Enfance, souvenirs – Rêve et féerie

Enfant
s'il n'y avait qu'à vivre
nous compterions les marches
jusqu'à la fin des chiffres
en saluant les crocus aigus
qui font les souffleurs entre les pierres.

Le dimanche tes ailes nous rendraient visite
et sur ton dos
nous irions voir si les étangs d'autrefois
sont toujours teints en vert
les nénuphars encore au lit comme de belles malades.

Et puis tu nous emmènerais
prendre l'eau salée chez la reine furieuse
où les poissons lavent leurs gorges
des poussières de la semaine.

Après seulement
à la suite de mille escargots
tu nous montrerais le chemin de l'école.

Enfance enfance
pour ne plus te perdre.

Pour faire un oisillon...

Comptine de Gisèle Prassinos, née en 1920

Humour

Pour faire un oisillon
Prenez du saucisson
Un morceau pour le dos
Pour le bec un coup sec
Deux rondelles pour les ailes
Pour la queue trois cheveux.

Pour faire du saucisson
Prenez un oisillon.
Étouffez et pilez
Bien saler et ficeler
Découper et manger.

in *Comptines pour fillotes et garcelons* © Éditions L'École des loisirs

L'Enfant précoce

René-Guy Cadou, 1920 - 1951

Rêve et féerie

Une lampe naquit sous la mer
Un oiseau chanta
Alors dans un village reculé
Une petite fille se mit à écrire
Pour elle seule
Le plus beau poème
Elle n'avait pas appris l'orthographe
Elle dessinait dans le sable
Des locomotives
Et des wagons pleins de soleil
Elle affrontait les arbres gauchement
Avec des majuscules enlacées et des cœurs
Elle ne disait rien de l'amour
Pour ne pas mentir
Et quand le soir descendait en elle
Par ses joues
Elle appelait son chien doucement
Et disait
« Et maintenant cherche ta vie »

Le Jardin de Grignon

René-Guy Cadou, 1920 - 1951

Nature

Pour atteindre le ciel
À travers ce feuillage
Il faut que tous les yeux
Se soient réunis là

Je dis les yeux d'enfants
Pareils à des pervenches
Ou à ces billes bleues
Qui roulent sur la mer

On va dans les allées
Comme au milieu d'un rêve
Tant la grand'mère a mis
De grâce dans les fleurs
Et le chat noir et blanc
Qui veille sur les roses
Songe au petit oiseau
Qui viendrait jusqu'à lui

C'est un jardin de fées
Ouvert sur la mémoire
Avec des papillons
Épinglés sur son cœur.

Ils cassent le monde...

Boris Vian, 1920 - 1959

Guerre, mort

Ils cassent le monde
En petits morceaux
Ils cassent le monde
À coups de marteau
Mais ça m'est égal
Ça m'est bien égal
Il en reste assez pour moi
Il en reste assez
Il suffit que j'aime
Une plume bleue
J'aurai toujours un peu d'air
Un petit filet de vie
Dans l'œil un peu de lumière
Et le vent dans les orties
Et même, et même
S'ils me mettent en prison
Il en reste assez pour moi
Il en reste assez
Il suffit que j'aime
Cette pierre corrodée
Ces crochets de fer
Où s'attarde un peu de sang
Je l'aime, je l'aime
La planche usée de mon lit
La paillasse et le châlit
La poussière de soleil
J'aime le judas qui s'ouvre

Les hommes qui sont entrés
Qui s'avancent, qui m'emmènent
Un chemin de sable
Un oiseau peureux
Il suffit que j'aime
Un brin d'herbe mince
Une goutte de rosée
Un grillon de bois
Ils peuvent casser le monde
En petits morceaux
Il en reste assez pour moi
Il en reste assez
Retrouver la vie du monde
Et retrouver la couleur
J'aime ces deux longs montants
Ce couteau triangulaire
Ces messieurs vêtus de noir
C'est ma fête et je suis fier
Je l'aime, je l'aime
Ce panier rempli de son
Où je vais poser ma tête
Oh, je l'aime pour de bon
Il suffit que j'aime
Un petit brin d'herbe bleue
Une goutte de rosée
Un amour d'oiseau peureux
Ils cassent le monde.
Avec leurs marteaux pesants
Il en reste assez pour moi
Il en reste assez, mon cœur.

La Fourmi et la Cigale

Fable de Andrée Chédid, née en 1920

Insectes

« Fini, fini ! »,
Dit la Fourmi.
« Au diable, la parcimonie !
Dès aujourd'hui
Je convie
Toutes cigales affranchies
À me chanter leurs mélodies,
Et nous fêterons, en compagnie,
La vie qui bouge,
La vie qui fuit ! »

« Holà, holà ! »,
Fit la Cigale
Poussant un cri très vertical.
« Pour moi, adieu le carnaval !
L'hiver, l'hiver m'a tant appris,
Et le souci tant rétrécie,
Que j'ai rangé toutes mes rêveries
Pour m'établir
En Bourgeoisie ! »

Les Mouettes

Andrée Chédid, née en 1920

Sentiments

À Alice Godel

Je te donne trois mouettes

La pulpe d'un fruit
Le goût des jardins sur les choses

La verte étoile d'un étang
Le rire bleu de la barque
La froide racine du roseau

Je te donne trois mouettes
La pulpe d'un fruit

De l'aube entre les doigts
De l'ombre entre les tempes

Je te donne trois mouettes
Et le goût de l'oubli

Dieu blanc, pur Soleil

Jean-Claude Renard, né en 1922

Éléments

Dieu blanc, pur Soleil
chargé d'une enfance
propice à l'éveil
comme le silence,
– tu es le lait, l'œil,
l'orange, la rose
qui changent le deuil
en la seule chose
où verdit, l'été,
l'arbre : le mystère
du destin fruité
dont rêve la Terre.
Que ton feu profond,
Soleil, nous anime
de ce beau griffon
sorti de l'abîme
– puis nous fasse don
du regard de l'aigle,
du sang d'un lion
et de l'or du seigle !

La lune

Henri Pichette, né en 1924

Éléments

à Coloma

La lune
comme un hublot
comme un œil de bateau
comme une perle dans les flots

la lune
comme un bol de lait
comme une bulle d'or
comme une balle de cristal

la lune
comme un croissant d'ivoire
comme une galette de givre
comme un fromage blanc

la lune
comme un tailladin de citron
comme un quartier d'orange
comme une barque de melon

la lune
comme un plateau de nacre
comme un cerceau de papier de riz
comme un lampion chinois

…/…

la lune
comme un zéro plein
comme un masque lisse
comme un miroir hanté d'un lis

la lune
comme une peau de banjo
comme une cymbale silencieuse
comme un tambour de brodeuse

la lune comme une épouse seule

la lune
comme un bouclier d'archange
comme une arme blanche
une alfange

la lune
comme une soie découpée
comme un sabot enneigé
comme les cornes d'un bœuf dans les nuages

la lune
comme une pièce d'eau glacée
comme un feu de phare fantôme
comme une médaille dans un encens de brume

la lune
comme une céramique séraphique
comme une cible pacifique
comme une hostie au ciel

la lune
comme un cadran d'horloge effacé par le temps
comme une obole dans la sébile de la nuit
comme un soleil en sommeil

la lune.

Extrait de « La lune et autres enfantines », in *Les enfances Pichette* (*Cahier Henri Pichette 2*), droits réservés

C'est l'été...

Henri Pichette, né en 1924

Nature – Temps, saisons

C'est l'été. J'alouette au point du jour et j'hirondelle à l'approche du soir. Au gré des heures je papillonne autour des corolles, j'abeille dans les calices, je sauterelle sur les herbes, je libellule au bord des ondes. À midi, la volée de l'Angélus gagne le Ciel. Ailes, âmes, tout est dans l'ordre. Le tantôt, je longe la rivière qui sinue et miroite ; la truite y moucheronne, claquante ! et le martin-pêcheur y saphirise en flèche rasante. À la verticale de

la plaine, une crécerelle chasseresse fait le Saint-Esprit. Visitant la campagne, j'ai le sentiment des sons, des parfums, des couleurs ; j'embrasse un ensemble, je saisis des détails.
D'une fontaine l'eau bruisselle si claire qu'elle est fraîche à l'oreille avant que d'étancher votre soif. Dans un pré de fléoles et de flouves des vaches paissent, paisibles ; les unes ont comme des îles sur la robe, les autres, des taches continentales. Dans la garenne les lapins batifolent, montrant leurs blanches couettes toujours proprettes. Un pic-rouge percussionne contre une branche morte. Une cétoine dorée suce le suc d'une fleur de chardon-Marie. Un bousier noir luisant roule sa petite boule de bouse. Mille fourmis à la file vont en grande hâte, tout à leur affairement. Par là il y a une dentellerie de fougères venue sur une terre brute. La menthe que l'on froisse entre les doigts, quand on la respire fort, emplit la poitrine de froid. Un souffle de vent émeut la mer blonde des blés. De tout leur haut, en haie d'honneur, les tournesols font figure de garde impériale du Soleil. Les jours de fête à la grenouille, je revêts une pèlerine à capuchon et je sors marcher sous la pluie : j'aime la battante, la cinglante, la radée rapide, qu'elle tombe d'aplomb, de biais ou en torsade, et la fine, si fine qu'elle vous poudrine le visage. Certains soirs, dans le lointain, des éclairs de chaleur éclatent en silence, dont par intermittences l'atmosphère s'embrase grandiosement, à l'échelle des cieux. La nuit, l'aveugle grillon criette sous les étoiles. Est-ce en rêve que la Nature m'a dit que le cœur a la clef de l'esprit ? À l'aube, les clairons des coqs m'éveillent, qui se répondent de ferme en ferme. L'orient projette ses rayons d'or ; les prairies, joailleries de perles de rosée, scintillent. C'est l'été ! je bois la vie à pleines bolées.

Extrait de « Le Puzzle », in *Les enfances Pichette* (*Cahier Henri Pichette* 2),

Coq !

Robert Marteau, né en 1925

Oiseaux

Coq !
As-tu ton cor de chasse
Et ton costume de chasseur ?
Dans les garennes, dessus la mer
Est-ce les lapins que tu pourchasses ?

Coq !
Es-tu pirate ou bien corsaire ?
Veux-tu prendre le soleil ?
On te signale dans les sept mers
Sur ta barque de noisette.

Coq !
Les poules s'inquiètent,
Le clocher danse sur un pied,
Reviens-nous, coq !
Couvert de gloire et de coquelicot.
in Sept plumes pour le coq,

in *Sept Plumes pour le coq*

Meunier

Charles Le Quintrec, né en 1926

Travail

Le pain rond, le pain blanc
Le pain noir couleur du temps.

Meunier, dis-moi, meunier, quel arbre se soulève
Et repousse la roue et redresse le rêve
Et sépare d'instinct le son de la farine
Dis-moi que chantes-tu à l'heure du jusant
Quand le soleil ajoute une fleur à ton chant
Et que le crépuscule y met une sourdine ?

Le pain noir le pain blanc
Le pain couleur de mon sang.

Il faut le partager aux hommes qui ont faim
Il faut souffler dessus pour rassasier le monde
L'amour tient tout entier dans un morceau de pain
Et l'amour multiplie l'amour qui le féconde.

Greniers à grains quelle promesse
Je tends la main à la pauvresse
Je tends la main
J'écoute quelque part grandir le goût du pain.

Maison de craie

Jean Joubert, né en 1928

Enfance, souvenirs

Sur son ardoise l'enfant dessine
une maison : porte, fenêtre unique,
cheminée de guingois
et dans le ciel l'oiseau-soleil.

Penché, l'enfant dessine une maison
avec amour,
enfin, du bout d'un doigt,
étire une fumée,
pose la craie, me dit :
« Entre donc ! Tu verras ! »

Dans le couloir obscur,
rôde un parfum de chou et de lessive.
Je tâtonne, un chat bondit, me frôle.
Une porte, l'odeur du feu
et là, dans la cuisine, ma mère (morte) assise,
souriante,
un livre ouvert posé sur ses genoux.

Lettre à Marie

Jacques Réda, né en 1929

Voyage

Vous m'écrivez qu'on vient de supprimer le petit train
d'intérêt local qui, les jours de marché, passait
couvert de poudre et les roues fleuries de luzerne.
Devant le portail des casernes et des couvents.
Nous n'avions jamais vu la mer. Mais de simples champs
d'herbe
Couraient à hauteur de nos yeux ouverts dans les
jonquilles.
Et nos effrois c'étaient les têtes de cire du musée,
Le parc profond, les clairons des soldats,
Ou bien ce cheval mort pareil à un buisson de roses.
Des processions de folle avoine nous guidaient
Vers les petites gares aux vitres maintenant crevées,
Abandonnées sans rails à l'indécision de l'espace
Et à la justice du temps qui relègue et oublie
Tant de bonheurs désaffectés sous la ronce et la rouille.
Depuis, nous avons vu la mer surgir à la fenêtre des rapides
Et d'autres voix nous ont nommés, perdus en des jardins.
Mais votre verger a gardé dans l'eau de sa fontaine
Le passé transparent d'où vous nous souriez toujours
Les bras chargés d'enfants et de cerises.
Je pense aux jours d'été où vous n'osez ouvrir un livre
À cause de ce désarroi de cloches sur les toits.
N'oubliez pas.
Dites comme nos mains furent fragiles dans la vôtre –
Et qu'ont-ils fait de la vieille locomotive ?

Il prend une boule de neige...

Paul Vincensini, 1930 - 1985

Humour

Il prend une boule de neige
La serre très fort sur son cœur
Et fond tout entier avec elle
Ne laissant ici-bas
Qu'une paire de bretelles
Dans une flaque d'eau.

Conseil

Paul Vincensini, 1930 - 1985

Humour

Pour bien compter tes jambes
Sans en oublier
Il faut t'étendre ne pas bouger
Et les compter sur tes doigts
Compter compter compter
Jusqu'à ce que tu sois fatigué.

Les Clowns

Jacques Bussy, 1931-1985

Cirque - Humour

Monstres qui tombent
Traînant le monde
Ils ressuscitent
dans un trombone

Monstres qui sautent
De bulle en bulle
Et qui transforment
L'accordéon
En parapluie

Ô nos amis !

Les Jongleurs

Jacques Bussy, 1931 - 1985

Cirque

On jongle avec les oncles
Avec les ongles avec les ombres

On projette des têtes
Des airs de fête des girouettes

On rattrape des jattes
Des culs-de-jatte par les savates

On immobilise la surprise
On courtise l'exquise

Le chat sourit *(extrait)*

Jacques Bussy, 1931-1985

Animaux

Je suis chat
je regarde
à côté des hommes

*

Je déchire le papier
ah !
le bruit du papier !

*

Oiseaux dans les platanes
bougez !
je possède la vitre

*

Quel garde-malade
est plus léger
que moi ?

*

Au-delà de la porte
délicieux
l'enfer

*

L'ennui sans les hommes
comment vivent-ils
sans nous ?

*

Dans le tiroir
qu'il est beau
le désordre !

*

Mais je suis chat
je ne me souviens
de rien d'autre

Poème du chat

Jacques Roubaud, né en 1932

Animaux – Humour

pour Claude Roy

Quand on est chat on n'est pas vache
on ne regarde pas passer les trains
en mâchant les pâquerettes avec entrain
on reste derrière ses moustaches
(quand on est chat, on est chat)

Quand on est chat on n'est pas chien
on ne lèche pas les vilains moches
parce qu'ils ont du sucre plein les poches
on ne brûle pas d'amour pour son prochain
(quand on est chat, on n'est pas chien)
On passe l'hiver sur le radiateur
à se chauffer doucement la fourrure

Au printemps on monte sur les toits
pour faire taire les sales oiseaux

On est celui qui s'en va tout seul
et pour qui tous les chemins se valent
(quand on est chat, on est chat)

Le Crocodile

Sonnet de Jacques Roubaud, né en 1932

Animaux – Humour

Le crocodile n'a qu'une idée
il voudrait dévorer Odile
qui habite près de son domicile
elle est tendre et dodue à souhait

Le crocodile est obsédé
« Ça devrait pas être difficile,
pense-t-il, d'attraper cette fille »
(il emploie la méthode Coué)

Mais Odile qui n'est pas sotte
ne s'approche pas de la flotte
elle se promène sur la grève

mangeant des beignets de banane au mil
et c'est seulement dans ses rêves
que le crocodile croque Odile.

Souris tousse…

Comptine de Pierre Coran, né en 1934

Animaux

Souris tousse
Souris crache
Comme crache un cachalot

Souris tousse
Et se cache,
Se cache au chaud dans un pot.

Souris tousse,
Souris souffle
Comme souffle un feu de forge.

Elle a un chat dans la gorge.

Berceuse

Daniel Reynaud, né en 1936

Enfance, souvenirs

Un enfant s'endort en rêvant
que passent trois jolis tambours
ou qu'une rose a des amours
de princesse du bois dormant

Si le refrain dit Marjolaine
le cœur fredonne nous dansons
la capucine ou les fontaines
ont un pétale rouge au front

Et l'amitié des troubadours
lui plante au cœur un rosier bleu
quand le marchand de sable accourt
éteindre doucement ses yeux

in *Chanson inédite* , droits réservés

Le Pic-Vert

Daniel Reynaud, né en 1936

Oiseaux

Où as-tu pris ta mitraillette
guerillero du Bois Joli
et quelle rafale nous guette
devant ta menuiserie

Si quelqu'un frappe à ma porte
je crois toujours que c'est toi
venu parler des feuilles mortes
avec la fougère aux cent doigts.

Eloge bleu d'une maîtresse

Daniel Reynaud, né en 1936

Enfance, souvenirs

à Nicole R., institutrice de campagne

Ses mains sont feuilles persistantes
d'un arbre venu de si loin
que l'écriture aux cent chemins
lui doit d'être forêt d'enfance.

Elle sait déchiffrer les sources,
calculer le poids des saisons,
lire les traces des prénoms
des sept petits de la Grande Ourse.

Son cœur est un coquelicot
apprenant, dans le blé qui lève,
à trier le grain des poètes
pour l'héritage des oiseaux

et le pollen de sa parole
transforme en ruche son école.

La Mouche qui louche

Fable de Jean Orizet, né en 1937

Insectes – Humour

Chaque fois que la mouche qui louche
veut se poser au plafond
elle s'y cogne le front
et prend du plâtre plein la bouche

Moralité

Pauvres mouches qui louchez
posez-vous sur le plancher

Notre maison

Joël Sadeler, né en 1938

Enfance, souvenirs

Je te ferai une montagne
Avec des nuages mousseline
Je poserai une maison en bois
Dessus
Tout autour des sapins
En habits du dimanche
Le paysage sera repassé
De frais
Et les prés tirés à quatre épingles
En bas il y aura un village
Reposé de son histoire
La nuit marchera sur le toit
Et je m'endormirai près de toi
Au chaud de notre amour.

in *Le Passé intérieur*

Déchiffrer

Colette Nys-Mazure, née en 1939

Enfance, souvenirs

L'enfant aimait comprendre, toucher, pénétrer. Il mettait la main à l'herbe, à l'eau, au gâteau ; se brûlait la langue et les yeux. Il émiettait son pain en quête de quelque secret de pâte et plongeait le bras dans la vase gluante.

Il caressait méticuleusement le dos du chat, le jeu des ressorts à bondir. Il explorait l'oreille du labrador au risque d'être mordu. Accroupi au bord de la bâche crépitante, il scrutait les mouvements des crabes affairés.

Du bout tendre des doigts, il parcourait les rides des visages aimés, à l'affût du mystère du temps. Il léchait en cachette le nez des nourrissons aveugles, humait leur parfum fade, leur fontanelle molle. Comment voir grandir son propre corps, se métamorphoser la chenille ?

Il aurait voulu regarder faire un enfant, écrire une histoire, naître un printemps. Mais tout était caché, interdit, inaccessible.

Enfance errante

Jacques Delval, né en 1939

Enfance, souvenirs – Nature

Reprendre patiemment, suivre sans hâte
La mer, ténébreuse, épaisse, tapioca phosphorescent déferlant sur le pont
Et, loin en avant, l'horizon, velouté, bleu, si profond.
Les étoiles s'y engouffraient comme un ruisseau de billes dans les poches d'un gamin.
Lui maintenant, dans les pâtures élastiques, vertes, si tendres.
Il les traversait, serrant dans sa main à l'étouffer son couteau bleu,
Fauchait en passant les hautes ciguës blanches
Qui retombaient droites dans la haie.

Plus loin, s'arrondissant au bord du ciel,
Les labours, alignements de mottes ahuries qui gardaient sur la figure
l'empreinte lisse des socs.
Plus loin, vers le haut, un bois, en brosse, touffu, hargneux, hurlant après une meute de corbeaux voraces.
Et soudain, l'été, les blés, rideaux caressants de perles chaudes qu'il écartait en marchant.
Les étangs verts, les hêtres à pattes d'éléphant,
Et, au bout d'une allée vertigineuse, un chevreuil immobile près des sous-bois inquiets.

Enfin le cimetière, au bord du village.
Il marchait lentement entre les tombes, croisait le regard lointain de jeunes poilus noyés dans leur aquarium de verre, épelait des prénoms étranges: Malvina, Lucius, Olympe, Rosé, Lodoïska, Thisbé,
Entrait dans la maison de l'arrière-grand-mère.

La vigne vierge s'y était glissée par le cœur des volets fermés,
Avait rampé sur les tomettes rouges, jusqu'au grand lit ciré,
S'était agrippée à l'édredon jaune, piqué de chiures de mouches,
Pour atteindre l'oreiller humide qu'elle étreignait.

Il ouvrit brutalement.

Un printemps à air comprimé explosa dans la pièce.
Et les pêchers en chaussons roses, et l'odeur sucrée, écœurante des pulpes de betteraves, et la pelouse chaude, et les groseilliers à maquereau, et les rhubarbes cramoisies, et le cri vertical, soudain désespéré de l'alouette.

Alors, dévasté, penché à l'extrême aux créneaux de son corps,
Il appela
L'encore sans visage qu'il attendait.

Les maisons...

Michel Cosem, né en 1939

Enfance, souvenirs

Les maisons sont belles comme des univers
Elles regardent au carrefour
danser les moineaux batailleurs
petites perles de passage
rondes comme le printemps.

Elles se parlent la nuit venue
avec des odeurs de fleurs et de fruits

Elles sourient aux enfants qui les habitent
et qui jouent comme des chats sur les pelouses

Elles sont là pour longtemps et sont heureuses

Poèmes brefs de André Rochedy, né en 1942

Oiseaux–Nature

Chant du rouge-gorge
le monde, un instant,
s'arrête de vieillir.

*

Retenez votre souffle
l'oiseau passant
parle une langue nouvelle.

*

La vie est belle, dit le chêne,
chaque printemps, j'agrandis
ma maison d'oiseaux.

in *inédits* © André Rochedy

Un oiseau

Michel Besnier, né en 1945

Oiseaux – Humour

Un oiseau
qui mange trop
de granulés
devient
gras
nul
et laid.

in *Le Verlan des oiseaux* © Éditions Motus

Deux pigeons

Michel Besnier, né en 1945

Oiseaux – Humour

Deux pigeons s'aimaient d'amour tendre
Deux corbeaux s'aimaient d'amour noir
Deux mésanges s'aimaient d'amour bleu
Deux pies s'aimaient d'amour bavard
Deux autruches s'aimaient d'amour lourd
Deux pinsons s'aimaient d'amour gai
Deux vautours s'aimaient eux aussi

in *Le Verlan des oiseaux* © Éditions Motus

Le voilà

Gérard Bialestowski, né en 1946

Cirque

Il a le nez tout rouge comme un alcomique
des mains très grandes pour mettre des baffes très grandes
des cheveux verts pour avoir les cheveux verts
un œil rond
et pas moi aussi

il fait l'andouille
le crétin
l'imbécile
il marche sur ses pieds
renverse des seaux
il a même la fleur qui fait pipi
il casse des assiettes pour rire et ça fait des morceaux quand
même
et pas moi aussi

quand je fais tout ça
le crétin d'imbécile d'andouille
le casseur d'assiettes
le marcheur sur ses pieds
l'œil rond
les baffes très grandes
les cheveux verts et le nez rouge
arrête ton cirque dit papa
alors le clown dans mon nez
mes cheveux mes mains
mon œil
le clown rigole
car pas lui aussi

Extrait de « Les Poètes et les Clowns », in *Ça ne vaut pas un clown*

Poèmes brefs de Gérard Bialestowski, né en 1946

Oiseaux – Humour

Le Paon

ça des paons ?
ça dépend…

Le Merlan

c'est pour ça qu'on ne l'entend pas
le merlan n'a qu'un filet de voix

La Palombe

dans les mailles de ton vol a passé un filet
et c'est pour toi la mort palombe d'un doute

Les Rennes

allons enfants de la toundra
voir passer le roi des rennes
il nous apprendra la polka
que l'on danse en Alaska
quand sept jours font une semaine

Un arbre dans le matin

Marc Baron, né en 1946

Éléments

Un arbre dans le matin
Et trois nuages pour la beauté

L'herbe tremble, presque rien,
Je vais peindre sur du papier de soie

Le vent, quelle couleur ?
Et la pluie, si elle vient ?

La terre tourne lentement
On voit juste bouger les feuilles

Les secondes vont au rythme du cœur

Je suis au monde
J'ai le temps

Poèmes brefs de Françoise Naudin, née en 1949

Éléments – Nature

L'eau a toujours
la lumière
à la bouche

*

Les oiseaux
chantent
quand on les écoute

*

À travers les pins
le bleu du ciel
tiré à quatre épingles

*

Dans la cruche
l'eau
a le ventre rond

*

Le silence
est peut-être
le parfum des pierres

La Différence

Jean-Pierre Siméon, né en 1950

Corps

à Martine

Pour chacun une bouche deux yeux
deux mains deux jambes

Rien ne ressemble plus à un homme
qu'un autre homme

Alors
entre la bouche qui blesse
et la bouche qui console

entre les yeux qui condamnent
et les yeux qui éclairent

entre les mains qui donnent
et les mains qui dépouillent

entre les pas sans trace
et les pas qui nous guident

où est la différence
la mystérieuse différence ?

in *À l'aube du buisson* © Cheyne éditeur

Je préfère les mots simples...

Alain Serres, né en 1956

Art poétique

Je préfère les mots simples
ceux qui ne pèsent
pas plus que l'histoire
de leurs lettres, la légèreté
d'un bel instant.

Les mots simples à rouler.
Une toile cirée
et ses carreaux que cent mille
« bon appétit »
ont gardé carrés.

C'est simple à téter
un mot
comme sucer de l'eau
pour une mouche
se sachant née pour aérer l'été.

Je préfère définitivement les mots
simples
où vautrer sa vie est aisé
chanter sa science, polir ses doutes
jouer à respirer.
Mes mots préférés
sont simples et familiers.
Ils grandissent de fils en père
sans en parler.

Juillet

Olivier Lécrivain, né en 1957

Enfance, souvenirs – Temps, saisons

Depuis plusieurs jours, les rues de ma banlieue sont à marée basse. J'ai dépensé tout mon argent de poche pour un nouveau pistolet à amorces, et quand vient le jour du départ, embusqué à la lunette arrière, je suis prêt à flinguer tous ceux qui nous doublent. Je compose une nature morte sur la banquette avec des objets de première nécessité : mon harmonica, mes canifs, une loupe…

Il fait nuit quand nous atteignons la terre promise. Les barreaux de la grille luisent comme des lances dans la lumière des phares, la maison est toujours là. Les blés presque mûrs dansent sous la lune, et leur odeur me parvient par la fenêtre ouverte. Je m'endors dans des draps rêches.

Au matin on sort les habits repassés des valises, la première chemise des vacances est fraîche comme un jeu de cartes neuf. Dans les herbes hautes du pré, fusent les sauterelles qui cinglent mes chevilles d'une salve de pichenettes. Il suffit d'une journée pour que mes allées et venues foulent un sentier jauni entre la cible et la chaise de jardin où j'appuie ma carabine à plombs.

Une semaine s'est à peine écoulée, et déjà la moissonneuse-batteuse dans le champ d'à côté tourne comme un orgue limonaire, un bateau de métal rouge qui engrange la houle. Je marche dans son sillage avec la vieille voisine, sous le ciel bleu comme une enluminure.

Courbés sur nos ombres que la tombée du soir étire, nous suivons en glanant notre chemin de pénitents, dans les chaumes qui piquent les pieds par les trous des sandales. Et je sais, déjà? mon cœur se prépare à l'hiver.

Poèmes brefs de Thierry Cazals, né en 1962

Enfance, souvenirs

L'enfant pense à son futur métier
Sera-t-il pêcheur
Ou cerisier en fleurs ?

*

Premier jour de l'été
Sur la plage vide
Les enfants jouent à cache-cache

*

La petite fille
Enterre l'oiseau mort
Puis rentre chez elle à cloche-pied

*

Enfants jouant à la balle
Je la pousse du pied
Heureux de servir à quelque chose

*

En compagnie des enfants
J'ai patiné sur le lac
Puis j'ai réendossé mon corps de vieillard

INDEX ALPHABÉTIQUE DES POÈTES

Moyen Âge

16e siècle

17e et 18e siècles

19e siècle

20e siècle

La construction d'un poème

Le **vers** est une phrase poétique qui commence par une majuscule (même si le mot n'est pas le premier de la phrase) et se termine généralement par une rime et par un retour à la ligne. Un crochet ouvert en début de ligne signale que le vers n'a pas pu être écrit en entier sur la largeur de la page.

La **rime** est la répétition de sons identiques en fin de vers (par exemple AABB). Cependant, la rime n'est pas une condition obligatoire à la poésie : à partir du XXe siècle est apparue la poésie non rimée.

Lorsque plusieurs vers sont groupés, ils forment une **strophe** qui est comparable au paragraphe d'un texte en prose.

La prose est un genre avec des retours à la ligne décidés par le sens même du texte. Elle est organisée par les règles de grammaire. Le vers, quant à lui, suit celles du **mètre**, qui est une mesure dont l'unité peut en être le nombre de syllabes, de pieds…

Des genres…

La ballade : Elle est souvent composée de trois strophes et d'un couplet final.

La berceuse : C'est une chanson douce destinée à endormir les enfants.

La chanson de geste : C'etait un poème épique qui comportait plusieurs milliers de vers.

La comptine : Il s'agit d'un poème traditionnel chanté aux enfants.

La fable : Elle met souvent en scène des animaux et propose une morale.

La fatrasie : Elle va jusqu'au non-sens et au saugrenu en jouant sur la forme de la phrase.

Le haïku : Il est une forme poétique très codifiée d'origine japonaise.

L'ode : C'est une forme poétique antique qui était chantée.

Le rondeau : C'est un poème lyrique qui comporte généralement un refrain.

Le slam : Le mot « slam » vient de « la claque », « l'impact » en argot américain. Il s'agit de poèmes, de joutes oratoires sans enjeu ni compétition, dits à haute voix dans un lieu public.

Le sonnet : Il suit des règles strictes et comporte quatorze vers possédant des rimes croisées (ABAB), embrassées (ABBA) ou plates (AABB).

La stance : Elle a souvent pour sujet une méditation.

La virelangue : Ces petites phrases ont un caractère ludique et souvent difficiles à prononcer et à enchaîner.

La poésie : un art complet

Voici quelques exercices pour amener les enfants à jouer avec la poésie afin de se l'approprier et d'en écrire.

La poésie, semblable à du rap, devient chanson rapide et articulée :

- Pour cet exercice, nous vous proposons de faire une lecture à voix haute de *Oiseuse* (p. 60), en jouant sur la vitesse de diction.

Par exemple, il est possible d'accélérer le rythme de lecture à chaque début de strophe pour ralentir progressivement, telle une respiration haletante.

- Proposez ce jeu aux enfants puis demandez-leur d'inventer des rythmes afin qu'ils s'exercent à la respiration.
- Tentez maintenant de donner un rythme bien démarqué.

Choisissez un tempo et demandez aux enfants de taper dans leurs mains de façon régulière. L'exercice de lecture rythmée à cette cadence ne vous rappelle-t-il pas une chanson en rap ? Faites remarquer la chose aux enfants qui prêteront maintenant plus attention à la diction de vers.

- Par la suite, les enfants devront s'attacher au sens et chercher une cohérence entre vitesse et sens de la phrase.

Ainsi, la fin de la troisième strophe « en grand sommeil » ne doit pas être dite rapidement, mais être marquée d'une sorte de longueur orale, sur 4 ou 5 temps, par exemple.

La ponctuation dicte la lecture :

- La ponctuation du poème *Fenêtres ouvertes* de Victor Hugo (p. 231), impose un rythme de lecture. Faites remarquer aux enfants comment dans ce poème les nombreux points stoppent et rythment les phrases courtes, parfois sans verbe.

L'attrait de la poésie, pour les enfants, peut alors résider dans le fait qu'il n'y a aucune règle. Aucune structure stricte de phrase n'est imposée.

- Lors de la lecture à voix haute, la respiration n'est pas entraînée par un rythme régulier, la diction nous pousse alors à entrer dans l'histoire, à nous enfoncer dans une sorte de suspense… La poésie peut-elle faire peur ? Entraînez les enfants à ce nouvel exercice de diction, en laissant bien tomber la voix à chaque point, puis en prenant une inspiration avant d'enchaîner sur la phrase suivante.

Attention de ne pas se laisser aller à la vitesse. La lenteur de diction est alors essentielle pour le suspense.

La poésie devient « texte théâtral » et l'on prête alors une plus grande attention au sens, voire à l'histoire du poème. L'imaginaire brode un contexte, un lieu.

Le graphisme dirige la lecture :

- La lecture du *Cygne* de Sully Prudhomme (p.257) paraît évidente. La sonorité des mots nous entraîne dans une forme de langueur : « sans bruit », « calmes »…

Pour commencer cet exercice, après une lecture à voix haute, vous demanderez aux enfants de pointer chaque mot qui semble « ralenti » (« profond », « calme », « larges », etc.).

- Soulignez-les d'une couleur.
- Notez à présent les mots qui, au contraire, semblent « accélerés », (« chasse », « ferme », « mat », etc.). Vous les soulignerez alors d'une couleur différente.
- Les enfants pourront alors réécrire ce poème en étirant les mots ralentis et en « compressant » les mots accélérés.

D'autres graphisme de mots peuvent être modifiés: par exemple, «croulent» peut être écrit « en escalier », ainsi le mot s'effrondre réellement ; « vibrant » peut se noter en zigzag ; « dresse » pourrait, dans une courbe, se relever vers le ciel…

Ci-dessous, un exemple de création graphique sur *Oiseuse* . Les grands caractères peuvent être lus d'une voix forte. La graisse du corps peut également marquer la puissance de la voix.

Oiseuse

Qui a ôté
notre pâté
que j'ai mangé ?

Dans ce danger
l'oie a nagé
dedans un songe.

L'hiver me ronge.
Pâques me plonge
en grand sommeil.

Ô non pareil
qui est vermeil
sur une face !

Une limaaaaaaaaccccce
prend votre plaaaaaaaaaaacccccccccce
et c'est N**o**ël.

- Les temps respiration peuvent également être symbolisés par des « blancs » plus longs entre les mots.
- Proposez à présent à un enfant de faire ce jeu avec un autre poème et à un second enfant d'en lire le résultat.

Écrire un poème :

Il est temps de se lancer dans l'écriture d'un poème avec des mots qui émeuvent, qui touchent à la sensibilité et à l'univers de chaque enfant.

Cependant, pour que celui-ci puisse inventer ses propres codes, il est indispensable qu'il connaisse ceux qui sont le plus généralement utilisés. Apprenez aux enfants à reconnaître les vers, à compter les pieds, etc.

Proposez, par exemple, l'écriture d'un strophe se terminant par le son [o], et une autre qui appliquerait, en alternance le son [i] et le son [é], tout en imposant une cohérence de texte.

D'autres pistes :

- Enfin, mélangez les genres en dirigeant les enfants vers un thème, un lieu, peut-être même une « histoire », et demandez-leur d'écrire un texte au graphisme improbable et à la lecture « façon rap ».
- Puis, oublions un peu de l'écrit et tentez, sur un thème imposé, de leur faire créer un texte en slam où chacun d'eux prendra la suite du précédent tout en conservant le fil de ce qui a été dit. Si le jeu est trop difficile (selon la tranche d'âge), réalisez-le d'abord à l'écrit !

Le petit plus :
Il est intéressant, lors de la lecture d'un poème, de proposer une activité de dessin. Ce complément permet une confrontation plus aisée de l'univers de chaque enfant et peut donner lieu à un partage bénéfique au niveau du groupe.

Le petit plus :
Nombre de maisons culturelles proposent d'assister à des scènes ouvertes de slam. Ces joutes oratoires ou simples lectures conviviales, en public, peuvent faire l'objet d'un sortie avec les enfants qui découvriront cet art populaire accessible à tous.

Annexe pédagogique
et atelier créatif réalisés
par Géraldine Krasinski.